전환은 축복이다

전도는 축복이다

초판 인쇄	2017년 2월 17일
초 판 1 쇄	2017년 2월 24일
지 은 이	김병완
펴 낸 곳	물맷돌 / 수 엔터테인먼트
발 행 인	최남철
디 자 인	엔터디자인
총 판	생명의 말씀사
출 판 등 록	제 306-2004-8호
주 소	서울시 중랑구 망우본동 209-20
구 입 문 의	010. 9194. 3215
ISBN	979-11-86126-05-9 (03230)

값 12,000원

물맷돌은 수엔터테인먼트의 기독브랜드입니다.
이책은 수엔터테인먼트사가 저작권자와의 계약에 따라 발행한 것이므로
이 책의 내용을 이용하시려면 반드시 저자와 본사의 허락을 받아야 합니다.

잘못된 책은 구입처에서 교환하여 드립니다.

한국교회 전도부흥 시리즈 7

배방중앙교회 부흥이야기

전도는 축복이다

김병완 지음

물맷돌

나는 믿음의 배경이 전혀 없는 가정에서 태어났다. 중학교 때 질병으로 건강을 잃고 사경을 헤맸다. 그때 한 권사님의 전도로 처음 교회를 다녔다. 간절한 기도를 드렸다.

"하나님! 만약 제 질병을 고쳐주신다면 평생 주의 종으로 살겠습니다."

놀랍게도 기도는 응답이 되었고 주의 길을 가게 되었다. 물론 그 와중에도 긴 투병생활이 있었지만 반드시 하나님께서 고쳐주실 것이란 믿음이 있었다. 병으로 중간에 한 학기 쉰 적도 있었지만 하나님의 은혜로 신학대학교를 졸업했다.

1991년 졸업을 하면서 곧바로 충남 아산에다 '배방중앙교회'란 이름으로 처음 개척을 하였다. 세월이 참 빠르다. 그렇게 어언 26년이 되었으니 말이다.

지난 26년간은 온갖 고난과 시행착오의 연속이었다. 주의 종이 된다는 것이 얼마나 힘들고 어려운 건지도 모르고 무턱대고 뛰어들었으니 어쩌면 당연한 결과일지도 모른다.

성전 건축은 정말로 힘들고 고통스러웠다. 공사대금을 갚으라며 채권

자들이 건장한 사람들을 동원하여 행패를 부리기 일쑤였고 건축 중간에 부도가 날 뻔한 위기도 여러 번 있었다. 지금 다시 처음부터 하라면 할 수 있을까 싶을 정도다. 그러나 하나님은 이 모든 과정을 넉넉히 이기게 하셨다. 지금은 감사뿐이다. 보람뿐이다. 행복뿐이다.

사실 난 큰 교회를 이루지 못했다. 그냥 평범한 목사이다. 하지만 이것 하나만큼은 뒤지지 않는다고 말하고 싶다.

'한 영혼이라도 더 주님께 인도하고픈 마음. 하나님 아버지의 마음을 품은 것'

이것만큼은 꼭 자랑하고 싶다. 나는 지금도 교회의 부흥을 사모하는 목사 중 하나다. 교회 부흥은 교회가 외형적으로 커지는 것을 뜻하는 것은 아니다. 한 영혼이라도 더 구원받기를 바라는 마음뿐이다.

지금 한국교회 사정은 내가 개척할 때보다 훨씬 더 어렵다고들 한다. 모든 주의 종들이 부흥을 원하지만 그리 쉽지는 않은 때인 것도 사실이다. 그러나 주님을 사랑하고 그 명령인 전도를 한다면 어려운 상황이지만 반드시 부흥하는 것 또한 사실이다.

내가 시무하는 우리 배방중앙교회도 힘을 다해 전도하려고 정말 애쓰고 있다. 26년의 목회 경험에 비추어 볼 때 전도에 초점을 맞추면 반드시 부흥의 열매를 맺는다고 보증한다.

이 책은 바로 그런 이야기들이다. 어려운 상황이지만 우리 교회도 되니까 여러분 교회도 된다고 말씀드리고 싶다. 나 같이 미약한 목사도 되는데 여러 가지 달란트를 가진 목사님들은 더 잘될 것이라 믿는다.

그래서 그동안 해왔던 전도의 모든 것을 이 책에 공개하기로 결심했다. 그리고 함께 전도하며 세상으로 나갔으면 한다. 왜냐하면 세상에 나가야 영혼을 구원할 수 있기 때문이다. 이렇게 될 때 교회가 부흥되고 하나님의 소원을 이루어드리는 교회가 될 수 있다고 나는 확신한다. 나는 감히 이 책을 읽는 성도님들과 목사님들에게 한번 해보기를 강권한다. 심약한 병자였던 나도 하는데 건강한 여러분은 왜 못 하겠는가?

"할 수 있다. 하면 된다. 해보자!"

이 구호를 외치고 한번 도전해보자!

우리나라에 전도법은 정말 많다. 축호전도, 노방전도, 관계전도, 꿀벌전도, 해피데이, 새생명축제 등등… 물론 여러 가지를 병행해야 한다. 그 중에 지금으로부터 6년 전 우리 교회가 비약적으로 성장하는 데 동기부

여가 됐던 건 토스트 전도였다. 처음 토스트 전도를 시작할 때만 해도 얼핏 보면 우습게 보일 수도 있는 전도방법이었다. 하지만 계속해오니 효과가 만점이었다.

사실 토스트 전도를 하게 된 동기는 부흥회 때 오신 목사님의 권유 때문이었다.

"교회가 세상을 향해 마음 문을 열게 하는 데 이보다 좋은 것은 없습니다."

부흥회 때 큰 은혜를 받고 순종하는 마음으로 즉시 실행해 옮겼다. 매주 화요일마다 토스트를 만들어 배방지역 전역에 나누어 드렸다. 공공기관, 노인정, 아파트관리실 등등 사람이 머무는 곳에는 어디든 찾아갔다. 한 팀은 자동차로 배달을 하고 지나가는 분들에게도 이웃 사랑을 실천했다. 물론 직접적으로 예수 믿으라고 하지 않았다. 그냥 나눠 드렸다. 그러나 그들은 이미 다 알고 있었다.

"배방중앙교회에서 나와서 주는 거래."

이렇게 6년을 하다 보니 동네에 소문이 좋게 났다. 배방중앙교회는 살아 있는 교회, 배방중앙교회는 사랑을 실천하는 교회, 그런 소리를 들으면 기분도 좋다. 전도는 끊임없는 지속성이 중요하다. 중간에 별 효과가 없다고 포기하면 안 된다. 끝까지 하는 것이 중요하다. 이렇게 긴 시간 노력을 하니 서서히 마음 문이 열리고 전도의 문도 곧 열리게 되었다.

나는 이러한 전도방법을 '땅갈기 전도법'이라고 말하고 싶다. 오랜 시간 공을 들이면 잘 기경한 좋은 밭이 되는 것이다. 조금씩 조금씩 토스트의 양을 늘리다 보니 이제는 자그마치 매주 600개를 굽는다. 요즘 토스트 가격이 2,500원 정도 한다. 집사님들이 자원봉사하고, 재료를 대량으로 구입해서 원가는 낮아지지만 600개를 만드는 데 드는 비용도 만만치 않다. 하지만 전도한다는 기쁜 마음으로 기꺼이 비용을 지불한다. 전도는 습관이 되면 쉽다. 그래서 꾸준히 하는 것이 중요하다. 그것이 되면 능력이 된다. 난 오늘도 이렇게 외친다.

"배방중앙교회 성도님들! 정말 감사해요."

전도설교 잘 들어주지, 전도하라면 순종하지, 봉사 잘하지, 얼마나 감사한지 모른다. 특별히 매일 교회에 출근하는 전도 삼총사 집사님들이 있다. 이분들은 하나님께서 우리 교회에 보내주신 전도의 충성된 일꾼들이다. 월급을 주는 것도 아닌데 매일 일찍부터 교회에 나와서 전도를 준비하고 함께 전도하러 나간다. 너무나 감사하다.

또 전도의 불을 지피는 나의 아내인 송경숙 사모에게 사랑한다고 말하고 싶다. 늘 고맙다. 추운 겨울에도 어찌나 돌아다니며 전도를 했던지 발에 동상이 걸리기도 하였다. '예수의 흔적'이 있는 전도의 일등공신이다.

전도는 교회의 선택이 아닌 필수이다. 진정한 하나님 사랑이요 이웃 사랑의 정수이다. 난 모든 교회들이 전도의 특색을 하나씩 가졌으면 좋겠다. 그리고 주님 오실 때까지 복음 전하다가 하나님의 소원인 모두가 구원받고 그분을 아는 지식에 이르기를 소망한다.

이 책이 나올 수 있도록 함께 기도해주신 배방중앙교회 성도님들과 원고를 다듬고 정리해주신 샘교회 최명훈 목사님께 감사의 말씀을 드린다. 모쪼록 이 글을 읽는 모든 분들이 전도의 불쏘시개가 되어 활활 타오르고 모두 다 전도왕이 되고 교회마다 부흥되길 축복하며 하나님께 모든 영광을 돌려 드린다.

2017. 2
배방중앙교회 담임목사 김병완

차례

프롤로그 _ 04

Step 1. 배방중앙교회 부흥 이야기 _ 13

처음 교회에 가다 / 네가 개척을 해라 / 전도할 때 일어나는 일 / 배방중앙교회 성전건축 이야기 1_ 첫 성전, 배방중앙교회 성전건축 이야기 2_ 한적한 시골에 무슨 일이, 배방중앙교회 성전건축 이야기 3_ 건장한 사람들의 출현, 배방중앙교회 건축 이야기 4_ 처형의 물질지원 / 새벽기도는 내 체질 / 가족은 나의 협력자

Step 2. 우리 교회는 이렇게 전도한다 _ 53

토스트 전도로 평판을 좋게 하라 / 뻥이야! / 내 이웃 교회를 위해 전도해주자_ 한 통의 전화로 시작된 전도, 목회하면서 가장 큰 기쁨을 누리는 순간 한미 전도대회 / 반찬 나눔 전도 / 쌀 은행 전도

Step 3. 내 아내는 사모 전도왕 _ 95

잃어버린 영혼들의 절규 / 아파트 첫 전도 / 피자가게 사장님 / 교회로 놀러 오세요 / BYC 가게 사장님 / 삼정 그린코아 입주 전도 / 배방 땅은 젖과 꿀이 흐르는 땅

Step 4. 전도에 관한 모든 것 _ 131

전도란 무엇인가?_ 하나님 사랑, 이웃 사랑의 실천이다 / 전도자에 있어야 할 것 3가지_ 구령 열정, 성령의 불, 포기하지 말고 끝까지 하는 것 / 전도자에게 필요한 것은?_ 강한 훈련, 전도는 기도 없이는 안 된다 / 왜 전도해야 할까?_ 하나님의 큰 상급이 있다, 하나님의 간절한 소원이다, 예수님께서 이 땅에 오신 목적이다, 성도와 교회의 아름다운 삶이다 / 전도에 때가 있을까?

Step 5. 전도하며 받은 축복들 _ 177

교회의 일꾼이 세워졌다 / 양적 부흥이 일어났다 / 교회 뒷문을 닫을 힘이 생겼다 / 물질의 축복도 받았다 / 영적 권위의 복을 받았다 / 목회자와 교회가 행복해졌다 / 교회가 건강해졌다

Step 6. 교회 정착 및 양육 이야기 _ 213

12명의 MD를 세우다 / VIP 정착 양육을 시켜라

에필로그 _ 222

Step 1

배방중앙교회 부흥 이야기

처음 교회에 가다

그때가 중학교 3학년이었다. 어느 날 갑자기 소화가 안됐다. 배는 아프고 온몸에는 힘이 주욱 빠졌다. 밤새 끙끙 앓았다. 견디다 못해 병원에 갔다. 병원에서는 청천벽력 같은 소리를 하였다.

"B형 간염입니다. 치료가 어렵겠는데요."

지금은 치료제가 많아서 잘 치료하면 호전된다. 하지만 그때만 해도 마땅한 치료제가 없었다. 병원에서 지어준 약을 먹어도 차도가 없었다. 점점 눈이 노래지며 살이 급격하게 빠지기 시작했다. 학교에도 갈 수가 없었다. 온몸이 쇳덩이에 눌린 것처럼 힘을 쓸 수가 없었다. 혼자 덩그러니 집에 누워 지내야만 했다. 어린 나이였지만 내가 서서히 죽어가고 있다는 사실을 느꼈다.

'이러다가 죽는 건가?'
'왜 하필이면 나에게 이런 병이 와서 죽어야 하지?'

부모님 원망도 많이 했다.
'좋은 부모님 만나서 잘 먹었으면 이런 병에 걸리지 않았을 텐데……'

시대도 원망했다.
'더 좋은 약이 나왔다면 병이 치료될 수 있었을 텐데……'

온통 원망투성이였다. 엄마는 나를 살리기 위해 무당굿도 하고 좋다는 약은 다 구해 먹였지만 오히려 병세는 깊어만 갔다. 많은 날들을 누워서 눈물로 보냈다. 베개에는 흘린 눈물자국으로 얼룩져 있었다. 앉아 있는 것조차 무겁고 힘들었다. 너무 어린 시절에 죽음과 대면하고 있었다. 그렇게 절망의 나락으로 떨어지고 있을 때에 옆집에 살던 아주머니께서 우리 집에 찾아오셨다.

"병완이 엄마! 교회에 한번 와 보세요!"

"네? 교회요?"

"네, 병완이도 함께 데리고 오세요. 하나님은 병완이 병을 고치실 수 있어요."

"네, 우리 아들 병을 고칠 수 있다고요?"

백약이 무효였고, 병이 점점 중해졌던 터라 엄마와 나는 지푸라기라도 잡는 심정으로 이렇게 말했다.

"병만 낫는다면 교회에 갈게요!"

그 아주머니는 이웃에 살던 이필재 권사님이셨다. 내가 아픈 것을 알고 찾아와 전도하신 것이다. 나는 그 권사님의 병 낫는다는 소리를 듣고 마음이 끌리기 시작했다. 그래서 어머니와 함께 난생 처음 교회에 가게 되었다.

그 당시 우리 집은 교회와는 전혀 상관이 없었다. 우리 집은 독실한 불교, 유교 가정도 아니었다. 그저 무신론 가정이었다. 그러니 교회에 대하여 접할 수 있는 기회가 전혀 없었다. 처음 교회에 가니 전혀 다른 신세계에 온 것 같았다. 너무나도 생소한 것투성이였다.

하나님에 대해서도 잘 몰랐고 예수님에 대해서는 더욱 몰랐다.

당연히 성령님 이야기가 나오면 더더욱 몰랐다. 그런데 신기하게도 강단에 선 목사님께서 설교하시면 성경에 대해서는 이해를 못해도 그 이야기 자체는 마음에 와 닿았다. 신기한 일이었다. 말씀시간이 재미가 있었다. 그리고 꼭 내 이야기를 하시는 것 같았다. 내가 설교의 주인공처럼 느껴졌다. 나를 위해 예화를 들어서 말씀하신 것 같다는 생각이 들 정도였다.

"성도 여러분! 이 시계를 만든 사람이 있는데 시계가 고장 나면 어떻게 해요? 시계방 주인한테 가겠죠?"

목사님의 설교는 논리적이었고, 내 귀에 쏙쏙 들어왔다. 마치 말씀이 살아 움직이는 것 같았다.

"시계방 주인이 시계를 고치는 것은 쉬울까요? 어려울까요? 그렇죠, 쉽죠!"

그렇다. 하나님이 사람을 지으셨다면, 사람을 고치시는 것은 너무도 쉬운 일이다!

"이와 같이 하나님께서 인간을 만드셨기 때문에 병든 우리들도 쉽게 고치실 수 있는 거예요!"

그 말씀을 듣는 순간이었다.

'아, 나도 나을 수 있겠구나!'

믿음이 생겼다. 나는 그때 큰 은혜를 받았다. 그 말씀이 내 마음 깊이 박혔다. 그 뒤 예배생활이 계속되면서 점점 믿음이 자라나기 시작했다. 마치 겨자씨가 자라나 커다란 나무를 이루듯 말이다. 하나님에 대한 믿음이 생기면서 조금씩 마음속에 평강이 찾아왔다.

그동안 학교에서 진화론을 배웠기 때문에 그것에 근거한 삶을 살아왔지만, 성경을 보면서 하나님께서 우주만물을 창조하신 것을 알게 되었다. 그러면서 나의 패러다임이 조금씩 바뀌기 시작했다. 불평하고 원망하던 마음이 감사의 마음이 들고 희망이 생기기 시작했다. 건강도 조금씩 조금씩 나아지는 것 같았다.

몸이 한 번에 좋아지지는 않았다. 간염이 오래되면서 만성이 되어버렸고 간이 굳어지는 간경화까지 진행되었다. 소금이 조금이라도 들어간 음식을 먹으면 배에 복수가 찼다. 때문에 간에 무리가 가는 음식은 다 피했다. 나중에는 음식에 아예 소금을 넣지 않을 정도가 되었다. 간에 좋다고 하는 민간요법은 다 해보았다. 복수가 찰 때는 질경이를 캐다가 녹즙을 내서 마셔보기도 했다. 컴프리와 케일, 돈나물 등 간에 좋다고 하는 채소를 구해서 하루에 3번씩 녹즙을 내서 공복에 먹었다. 간에 병이 나니까 음식을 아무거나 골고루 먹을 수 없었다. 너무 심할 때는 40여 일 동안 먹기만 하면 그냥 토했다. 정말 고통스러운 시간을 보냈다. 그래서 난 가끔 이렇게 말한다.

"다른 분들은 40일 금식기도 했다고 하는데 전 먹어도 속에서 받지 않는 바람에 하나님께서 40일 금식시켜 주셨어요."

그래서인가 난 지금도 음식에 대한 애착이 대단하다. 한 끼라도 굶으면 큰일 나는 것 같다. 그래서 삼시 세끼 꼭꼭 찾아먹는 습관이 있다. 간경화 덕분에 아무것도 먹지 못하니까 몸은 말라가고 외모는 흉해져 갔다. 그때 하나님께 이런 기도를 드렸다.

"하나님! 저 몸무게 60kg 나가게 해주세요."

그런데 그 기도를 하나님이 들어주셔서 오랜 시간이 지나 결국 응답하셨다. 몇 년 전부터 60kg이 넘게 된 것이다. 이게 뭐 별일인가 생각될 수도 있으나 나에겐 평생의 소원이었다. 지금은 다이어트를 해야 될 정도로 몸이 좋아졌다.

오랜 시간 병을 앓으며 깨달은 것이 책이 참으로 중요하다는 사실이다. 책은 나의 소중한 정보가 되어주었다. 내가 이렇게 전도에 대한 책을 쓰는 것도 조금이라도 전도하는 분들에게 유익이 되었으면 하는 바람 때문이다.

그렇게 점점 시간이 지나면서 몸도 좋아지기 시작했다. 또 마음의 소원도 갖기 시작했다.

'나의 삶은 이제 하나님이 주신 덤의 삶이다. 그러니 이제 나의 남은 삶은 하나님을 위해 살자!'
그렇게 다짐을 하고 하나님께 기도하였다.

"하나님! 저를 고쳐주시면 주의 종이 되겠습니다."

기적이 나의 문을 두드렸다. 어느 정도 몸이 회복되었을 때 하나님과 약속한 신학대학교의 문을 두드렸다. 그때가 26살이 되었을 무렵이었다. 사실 신학을 공부하는 것이 쉽지 않았다. 어려운 가정에 병으로 몇 년을 지냈으니 경제적인 어려움이 있었고 간에 무리가 가서 잠시 학업을 중단했다 재개했다를 반복했다. 하지만 하나님의 은혜로 신학대학교를 마칠 수 있었다.

네가 개척을 해라

신학대학교에 입학하자마자 전도사로 봉사하였다. 졸업할 때가 되어서 진로에 대해서 하나님께 기도하였다. 일단은 그냥 교회에서 목사님을 돕는 부교역자 사역을 해야 할지 아니면 개척을 해야 할지를 놓고 기도하였다. 몇날 며칠을 기도한 어느 날 내 마음속에 음성이 들렸다.

'병완아! 네가 개척을 하는 것이 좋겠다.'

밥을 먹을 때에도 '개척해야지', 잠자리에 들어도 눈을 감으면 '내가 할 일은 개척을 해서 복음을 전하는 것이다'란 강한 감동이 밀려왔다. 그래서 담임목사님께 상의를 드렸다. 그랬더니 기도해 보자고 하신다. 몇날 며칠이 지난 어느 날 목사님께서 나를 보자고 하셨다.

"김병완 전도사! 내 마음에도 확신이 오네. 개척을 해도 좋을 것 같아."

이렇게 담임목사님의 허락까지 받게 되었다. 얼마 후 나는 개척교회를 하게 되었다. 그것이 지금의 배방중앙교회이다.

막상 개척을 하게는 되었지만 오랜 세월 동안 질병 가운데 있었기 때문에 자신감이 많이 없었다. 그래서 개척할 때 '한 사람만이라도 구원받는다면 좋겠다'란 다소 소심한 생각으로 시작하였다.

'개척 일시: 1991년 5월 30일 (목) 오전 11시
장 소: 충남 아산군 배방면 공수리 286-27(당시 주소)번지'

창립예배 초청장을 만들어 지인들에게 전화로 혹은 우편으로 연락을 드렸다. 사실 말이 교회당이지 허름한 상가 2층 30평 정도의 상가였다. 당시 건물은 학원이 입주해 있다가 아이들이 없어 텅 빈 건물이었다.

내부 인테리어를 하는데 교회에 십자가가 없었다. 사려고 하니 개척교회 형편에 엄두가 안 났다. 그래서 십자가를 직접 나무를 잘라다가 만들었다. 세상에 단 하나뿐인 수제 십자가였다. 나름 좋아 보였다. 주변에 전깃불도 잘 안 보였다. 빌라도 아파트도 한 채 없

었다. 지금은 대규모 아파트 단지가 들어섰고 앞으로도 계속 들어설 정도로 천지개벽을 한 도시로 발전했지만 그때는 그야말로 시골오지였다. 많은 분들이 내게 와서 묻는다.

"목사님, 여기 배방이 개발될 줄 알고 계셨죠?"
"아니요? 전혀 몰랐어요."

나는 공무원도 부동산업자도 아는 사람이 전혀 없었다. 대도시에서 하자니 돈도 없고 자신도 없었다. 그저 한 영혼이라도 주님께 인도하고픈 마음으로 이곳에 오게 되었을 뿐이다.

창립예배 날은 사람들로 북적였다. 작은 교회당 전체가 가득 찼다. 헌금도 많이 들어왔다. 풍족했다. 그런데 다음 주가 되자 개척교회의 실상이 드러났다. 마치 썰물이 빠져 나가듯이 우리 가족을 제외하고는 성도가 한 명도 없었다. 작은 예배당이 얼마나 넓게만 느껴지는지!

이래서는 안 되겠다 싶어 다음 주부터 주변 논밭을 지나다니며 전도하기 시작했다. 교회 근처에 있는 배방초등학교를 전도 집중 구역으로 삼았다. 근처에 오래된 성당이 있었는데 열심히 전도하다 보면 가끔 이런 말을 들었다.

"성당 다녀요."

그곳에는 천주교인들이 조금 있을 뿐 교회는 없었다. 하지만 감사하게도 어른은 없었지만 하나둘 아이들이 먼저 전도되어 모이기 시작하더니 20여 명으로 성장했다. 또 얼마 후에는 김덕애라는 자매가 우리 교회에 전도되어 등록했다. 이윽고 애인인 김태진 형제를 교회로 인도했고 모두 예수님을 구주로 영접하고 침례를 받았다. 지금은 결혼하여 아름다운 가정을 이루고 집사로, 장로로 충성하며 교회를 섬기고 있다.

전도할 때 일어나는 일

힘들었지만 개척 초창기에는 아이들 중심으로 교회가 조금씩 조금씩 부흥하게 되었다. 하나님께서는 준비된 그릇에 채워주시는 분이시라는 것을 느꼈다. 어른들도 한두 분씩 나오며 조금씩 부흥되었는데 개척 후 30명까지는 쉽게 올라간 것 같다. 그런데 50명이 넘어가는 데 시간이 많이 흘렀다. 출석 성도 100명이 넘어가는 데는 엄청난 시간이 필요했다.

성장에는 고비가 있다는 것을 알았다. 어느 정도의 성도가 모이기 위해서는 어느 정도 그릇이 준비되어야만 했다. 하나님께서는 때마다 나를 연단하시고 준비시키셨다.

교회에 성도들이 모이기는 했지만 더 이상 교회에 변화가 없었다. 1년이 지나고 2년이 지났지만 해마다 다람쥐 쳇바퀴 돌 듯 정체가 반복되었다. 교회 재정도 등록교인도 안정되었고, 예배 분위기도 좋았다. 그런데 더 이상 영혼들이 오지를 않는다. 목사는 이럴 때 큰 위기를 느낀다. 하나님께서 주시는 영적인 부담감이다.

'아직 더 많은 잃어버린 영혼들이 있는데…….'

답답한 마음에 기도실에서 간절히 기도를 하였다. 기도하며 부흥을 갈망하였다. 얼마가 지나자 짧지만 지난 목회의 발자취가 파노라마처럼 지나갔다. 하나님께서 기뻐하시고 부흥을 주셨을 때가 어느 때인지 기억나게 하셨다.

그것은 바로 '전도'할 때였다.

교회가 전도할 때 하나님께서 영혼을 붙여주시고 부흥을 주셨다는 것을 깨닫게 하셨다. 그러면서 나의 목회방향이 전도에 초점을 맞추는 점검의 시간이 되었다. 시간이 지나고 보니 이것도 다 하나님의 인도하심이었다.

배방중앙교회 성전건축 이야기 1

··· 첫 성전 ···

먼저 내가 이 이야기를 하는 것은 절대 자랑이 아님을 밝혀둔다. 다만 개척하여 성전 건축을 하기 까지 그 과정을 소상히 말함으로서 조금의 상식과 노하우라도 제공해드리고자 굳이 이야기를 하는 것이다.

1997년, 개척 6년차에 접어들자 출석성도는 40명에 달했다. 그렇게 해가 바뀔 때쯤 50명에서 더 이상 늘어나지가 않았다. 고민이 많이 되었다. 내가 할 수 있는 것은 기도밖에 없었다. 그러면서 '이제 상가교회에서 독립할 때가 되었다'라고 느꼈다. 열심히 전도해도 성도는 늘지 않았고 해마다 정체되는 느낌을 받았기 때문이다. 이래서는 안 되겠다 싶었다.

사실 개척교회 목사들은 누구나 가지고 있는 소원이다. 조그만 땅이라도 있으면 좋겠고, 그 위에 컨테이너 박스라도 교회 건물이면 좋겠다는 생각을 하기 마련이다. 그러나 개척교회 형편은 알다시피 그날그날 버티는 것도 쉽지 않다. 건축비를 모은다는 것은 더 더욱 어렵다. 그래도 하나님께서는 우리들의 마음에 교회 건축이라는 소원을 주셨다.

그래서 돈도 없으면서 겁도 없이 땅을 보러 다녔다. 어디에 교회를 세우면 좋겠는지 구체적으로 구석구석 보러 다녔다. 부동산에 들러 가격도 물어보고 위치도 괜찮은지 생각도 해보았다. 그러나 우리가 가진 현실하고는 너무나 먼 이야기였다. 그래도 하나님께 기도하였다.

"하나님 아버지! 저희 교회에 예배당을 지을 땅을 허락하여 주십시오. 영혼구원의 방주가 될 처소를 예비하여 주십시오."

간절한 기도를 계속 드렸다. 그렇게 기도하고 찾던 어느 날이었다. 지인이 말하길 어떤 지주가 갑자기 형편이 어려워져 부도가 나게 생겼단다. 그래서 싸게 팔지 않으면 그것마저도 손해 볼 형편이라는 것이다.

직접 가서 보았다. 가보니 주변은 온통 밭과 논이었다. 말 그대로 시골이었다. 한산하고 조용한 여느 시골마을과 다름이 없었다. 전원일기에 나오는 몇 호 안 되는 딱 그런 곳이었다. 하지만 마음속에는 '아, 바로 이 땅이구나!'라는 강한 확신이 들었다. 기도하였다.

"하나님! 이 땅이 맞지요?"

역시 마음속에 평안이 밀려왔다. 응답을 주심을 느꼈다.
크기는 331평 밭이었다. 당시 가격도 저렴하였다. 조건도 좋아서 그 땅을 사기로 마음을 먹었다. 하지만 현실의 벽은 너무도 컸다. 당장 수중에 돈이 없었다. 지금도 적은 돈이 아니지만 그 당시 우리 상가교회 형편으로는 건축은 고사하고 땅 구입도 버거웠다.
계속 기도하였다. 며칠 간 더 기도 끝에 여전히 마음속의 확신이 떠나지 않음을 알고 실행하기로 결심했다. 주님의 응답으로 알고 살던 집 전세를 겨우 빼서 땅을 구입하고 계약금을 마련했다. 나중에 땅을 담보하여 대출을 받아 드디어 땅값을 다 지불하게 되었다.

하지만 건축이 이렇게 힘든 일인지 알았다면 하지 않았을지도 모를 정도로 정말 무거운 짐이었다. 작은 건물이지만 땅값도 없는 상황에서 시작된 공사는 숱한 난관에 봉착하곤 했다. 그럴 때마다 기도하고 인내하며 버텼다. 그리고 결국 하나님의 은혜로 55평짜리 조그마한 예배당과 교회 바로 옆에 조그마한 사택을 지었다. 우여곡절 끝에 건축이 잘 마쳐질 수 있었다. 자그마한 상가에서만 있다가 독립해 성전을 지으니 꽤 넓게 느껴졌다.

  열심히 기도하고 전도한 덕택에 시간이 지나자 부흥이 되었다. 예배당이 좁아지기 시작했다. 주변 환경도 놀라울 정도로 좋아지기 시작했다.

배방중앙교회 성전건축 이야기 2

··· 한적한 시골에 무슨 일이 ···

하나님께서 양떼를 몰아주시기 시작했다. 그래도 크다고 느껴졌던 본당이 꽉 차기 시작했다. 교회당은 매 주일이 되면 성도들로 가득했다.

교회가 조금씩 급성장하기 시작하자 희한한 일이 발생하였다. 한적했던 시골이 갑자기 시끄러워지기 시작했다. 때마침 주변에 대규모 아파트 단지가 들어오기 시작한 것이다. 주변 목사들은 내가 정보에 훤히 밝아서 미리 선점했다고 말했다. 사실 정말 아니다. 나는 '부동산의 부' 자도 모르는 목사다. 동사무소에 아는 공무원 하나도 없었다. 그저 영혼구원에만 관심 있는 목사다. 이런 나에게 기적과 같은 일이 내 눈앞에서 벌어졌다. 그야말로 천지가 개벽하고 있었다. 매일매일 대형 크레인이 움직이고 굉음을 내는 수많은 트럭들이 분주하게 드나들며 수많은 건설인력들이 출퇴근을 반복하고 있었다. 갑자기 우리 교회를 중심으로 하여 커다란 도시가 들어서고 있었다.

우리도 마음이 조금 조급해지기 시작했다. 새벽마다 기도하면 할수록 교회를 증축해야 된다는 감동이 왔다. 그때마다 현실의 거대한 벽이 주저하게 만들었다. 땅값도 겨우 지불하고 건축한 지도 얼마 되지 않았는데 또다시 결단하게 되었다. 하지만 앞에 선 거대한 대출의 장벽이 남아 있었다. 우리는 기도할 때마다 드는 강력한 확신이 있었다. 그 확신은 장벽을 뛰어넘기에 충분했다.

이 사람 저 사람 건축하자고 하고 급기야 교회 중직들도 말하기 시작했다. 그때 우리 교회에는 전문직에 종사하는 사람, 공무원, 사업을 하는 분들도 있었다. 이분들이 앞장서서 말을 꺼냈다.

"목사님, 이제 저희도 교회 증축을 할 때가 되지 않았나요?"

사실 교회 사정은 이제 겨우 빚을 갚아나가는 형편에 불과했다. 증축은커녕 재건축은 생각지도 못하고 있었다. 단지 마음속으로 '형편만 되면 다시 크게 지어야 하는데…' 하는 바람뿐이었다. 하지만 성도들이 먼저 건축하자는 말이 나오자 다시 고민하지 않을 수 없게 되었다. 그래서 이 문제를 놓고 기도하기 시작했다.

"하나님, 교회를 크게 지을 수 있게 하옵소서!"

나는 결단을 내리는 데 시간은 걸리지만 일단 결정을 하면 끝까지 추진하는 성격이다. 하나님께서 건축하라는 확신을 주셨기에 일단 증축공사를 하기로 했다. 건축 전문가와 상담 해보니 55평 건물을 콘크리트로 잘 지었기 때문에 붙이고 이어서 건물을 올려 짓는 데 문제가 없다는 것이다. 260평 성전 공사가 시작된 것이다. 곧 시공사를 선정하여 공사에 들어갔다.

그런데 건축을 시작하자 교회 내부적으로 큰 문제가 발생했다. 막상 건축을 시작하자 동의 했던 분들이 교회를 떠나버렸다. 순간 자괴감도 들고, 양떼를 잃은 목자의 참담한 심정도 들고, 모든 고통이 한꺼번에 밀려왔다.

또다시 무릎을 꿇고 새벽마다 하나님께 엎드러 기도했다. 눈물이 마르지 않았다.

"하나님! 이 상황을 어찌하면 좋겠습니까? 일을 시작하신 여호와! 그것을 지어 성취하시는 여호와 하나님이 아니십니까? 제발 이 어려움을 이겨나갈 수 있는 용기와 힘을 허락하여 주시옵소서!"

간절한 기도를 새벽마다 드렸다. 그러던 어느 날 새벽기도 시간이었다. 어김없이 새벽기도 인도를 마치고 따로 개인 기도를 시작하였다. 그러다 문득 마음속에 음성이 들려왔다.

"김 목사야! 너는 왜 사람을 의지하고 나는 의지하지 않느냐?"

하나님께서 사람을 의지하지 말고 오직 주님만 의지하라는 마음의 감동을 주신 것이다. 그때부터 나는 다시 담대한 마음으로 목회를 하였다.

배방중앙교회 성전건축 이야기 3

⋯ 건장한 사람들의 출현 ⋯

건축을 하면서 제일 어려웠던 것은 물질적인 문제였다. 하루는 외출하고 돌아오니 이번에 다른 문제가 생겼다. 중간에 돈을 받지 못한 업자들의 원성이 들려오는 것이다. 대출은 바닥났고, 1차 성전을 건축하며 헌신하였던 성도들도 더 이상 대출이나 헌금을 할 수 있는 상황이 아니었다.

그 와중에 사택에 아내 혼자만 있었는데 업자들이 찾아와 행패를 부린 것이다. 아내는 큰 정신적 고초를 겪었단다. 건축업자들이 중간 중간 대금 결제를 요청했다. 하지만 한계에 다다르게 되었다. 결제를 못 해주니까 교회당 지붕 슬래브까지 올리고 결국 건축이 중단되었다.

어느 주일날이었다. 예배를 드리고 있었는데 웬 건장한 체격의 남자 3명이 2층 예배당 로비에 온 것이다. 당장 예배당 안으로 쳐들어올 기세였다. 당황한 아내는 그들의 팔을 붙잡고 이야기를 했다.

"조금만 기다려주시면 공사대금을 드릴게요."
"그래요? 언제요? 줄 때까지 오늘 못 가겠는데!"
"아니, 여기서 이러지 마시고 내려가서 말하자니까요. 하나님의 예배를 훼방하면 큰일이 생깁니다. 일단 내려갑시다."

아내는 어디서 그런 용기가 났는지 그 무시무시한 사내들의 팔을 잡고 결국 1층으로 내려가는 데 성공했다. 차근차근 잘 설명하고 이해를 구하니 드디어 그 건장한 사람들이 물러갔다. 얼마나 식은땀이 났는지. 난 그날 어떻게 설교를 했는지도 모르게 주일을 보냈다. 그 뒤도 공사대금이 밀리면 똑같은 일이 반복적으로 우리를 괴롭혔다.

여의도 순복음교회 담임인 이영훈 목사님의 간증과 비슷했다. 미국에서 건축할 때 공사대금이 모자라 공사가 중단되자 인부들이 쳐들어와 난동을 부리던 모습과 같았다. 그때 이영훈 목사님은 하나님께 통곡하며 밤새 기도하자, 하나님께서 그날 이후 기적같이 공사대금을 단 한 푼도 안 밀리고 다 지불하여 건축할 수 있었다고 하신다.

　공사업자들이 전화를 하고 안 되면 계속하고 찾아오는데 정말 마음이 지칠 대로 지쳐갔다. 지금 생각해도 심장이 두근거린다. 안 당해본 사람은 모를 일이다. 이것이 얼마나 고통스러운 일인지. 너무나 어려울 때 김태진 장로님과 장문효 장로님이 와서 위로해주셔서 큰 힘이 되었다.

　정신적으로 스트레스가 극에 달하자 건강에도 이상이 찾아왔다. 혈당을 체크해봤더니 200이 넘는 수치가 나왔다. 본래 혈당이 없었는데 건축하면서 생긴 것이었다.

　비상상황이 되었다. 40일 특별기도회를 시작했다. 밤마다 전교인이 모여 부르짖었다. 하지만 내 건강에 상관없이 잘못하면 교회가 경매에 넘어갈 판이었다.

　'정말 교회 건축하는 것이 힘든 일이구나.'
　'이러다 건강도 다 잃겠구나!'

　급한 불을 꺼야 했기에 계속 기도하며 방법을 찾아보는 수밖에 없었다.

배방중앙교회 성전건축 이야기 4

··· 처형의 물질지원 ···

시간이 너무도 힘겹게 흘러가고 있었다. 그러던 어느 날이었다. 아내가 거금을 들고 왔다. 당시에는 상상할 수도 없는 정말 큰돈이었다. 깜짝 놀라 어디서 났는가 물어보았다.

아내도 내가 건축업자들에게 시달리는 것을 너무도 잘 알고 있었다. 그래서 새벽마다 정말 기도를 간절히 했단다. 예배당에 건장한 사람들이 쳐들어온 날 밤 울며 기도하던 중에 하나님께서 지혜를 주셨단다.

아내는 다음 날 아침 일찍 언니를 급하게 찾아갔다. 마침 언니가 아내 명의로 된 투자 목적의 아파트 한 채를 구입해놓은 것이 있었다. 기도 중에 그 생각이 난 것이다. 명의만 아내의 것이었지, 처형의 것이었다. 말 그대로 언니 아파트이다. 아내는 언니에게 이렇게 말했다.

"언니! 성전 건축이 너무 어려워. 내 명의로 된 아파트 있잖아?"
"응, 그래. 있지."
"그거, 내가 대출 좀 받으면 안 될까?"
"뭐, 뭐라고? 그건 절대 안 돼!"
"우리 교회 건축이 너무 힘들어서 그래. 이번 고비만 넘기면 잘될 거야!"
"그래도 안 돼."

가족끼리 소문이 났는데 언니, 동생들이 다 반대하였다. 돈 잃고 형제간에 의를 상하게 된다고 난리도 아니었다.
"사람이 속이니? 돈이 속이는 거야! 대출 받기만 해봐, 가만 안 둘 거야."

그렇게 언니와 수십 번의 밀고 당기는 다툼이 계속되었다. '정말 안 되겠구나'란 생각이 들었단다. 시간이 얼마나 흘렀는지도 모를 어느 날, 아내는 마지막으로 처형에게 또 이렇게 말했단다.
"언니! 내가 대출 받아도 꼬박꼬박 이자 잘 내고 꼭 원금도 다 갚을게. 목사 사모인 나를 한 번만 믿어주라."
"됐다, 됐어. 전화하지도 마."

그래도 아내는 물러나지 않았다. 간곡히 설명하고 대출을 받겠다는 일방적인 통보를 했다.

"언니, 걱정 마. 내가 책임질게!"

웬일인지 언니는 더 이상 반대하지 않았다. 결국 아내의 믿음과 용기로 어렵게 어렵게 큰 위기를 넘길 수 있었다. 그 뒤에도 건축 중에 생각지도 않은 헌금이 들어오기도 했고, 위기 때마다 하나님께서 피할 길을 내셨다. 정말이지 교회가 건축되어서 기쁜 마음도 있었지만 반면 감당해야 될 고통은 상상외로 큰 것을 체험해야 했다. 세상에 공짜가 없다지만 성전건축도 공짜가 없다는 것을 뼈저리게 느꼈다. 뼛속에 사무치도록…….

마침내 2008년 11월 겨울을 앞둔 어느 주일!
그날따라 왜 그렇게 날씨는 포근했는지. 아마 내 마음이 포근해서 더 그랬나 보다. 설렘을 가슴에 안고 우리는 하나님의 은혜로 입당예배를 드릴 수 있었다. 그날은 감격과 눈물과 환희가 교차하는 시간들이었다.
이때부터 우리 교회는 전도의 불이 붙기 시작했다. 아내는 하루도 빼지 않고 새로 입주하는 아파트 단지를 제집처럼 드나들며 전도하였다. 다른 교회 나오는 성도들도 우리 교회가 가까우니까 새벽기도에 나오기도 하며 성전에는 새로운 사람들로 넘쳐나기 시작했다.

처음 우리 가족만으로 외롭게 시작한 교회가 지금은 매주 수백여 명 이상의 성도들과 함께 예배드리는 교회가 되었다. 재미있고 건강하고 행복한 교회가 되었다.

사실 교회를 개척하면 교회가 그냥 부흥하는 줄 알았다. 그 당시만 해도 한국교회가 부흥의 절정기에 있을 때였다. 동기나 선후배 목사님들이 개척을 하면 금세 부흥했다. 그런데 막상 시작해보니 그렇지 않았다.

나는 우리 가정의 믿음의 1세대이다. 우리 가족들과 친척들 중에 예수를 믿는 사람은 아무도 없었다. 주변에 교회는 있었지만 가본 적도, 그곳 교회에 다니는 분과 친분이 있는 것도 아니었다. 기독교와는 아무 상관이 없는 사람들 사이에서 자라났다. 개척을 했지만 마땅히 상의할 사람도 없었다. 그러다 보니 하나하나 배우면서 하는 것이 목회였다. 좌충우돌, 시행착오를 거듭하였다. 그러니 오직 하나님께 기도밖에는 할 것이 없었다. 기도하며 성령님의 인도를 받으려고 노력했다.

정말 목회에는 왕도가 없는 것 같다. 오직 기도와 말씀 중심으로 열정과 성실로 달려가는 것밖에는……

새벽기도는 내 체질

우리 교회에도 새벽기도회의 은혜를 주셨다. 매일 새벽기도회를 연다. 그것도 1, 2부로 나눠서 드린다. 원래는 1부만 드렸다. 한 장로님의 의견이 있었다.

"목사님! 새벽기도하기 좋은 시간을 하나 더 만들면 안 될까요?"
"그래요? 그럼 2부로 나누어서 드리지요."

나는 한 치의 망설임도 없이 그러자고 했다. 성도님들이 한 명이라도 더 기도하겠다고 시간을 조정해달라는데 내가 못 한다고 할 이유가 하나도 없었다. 그래서 새벽예배를 2부로 드리는데 나에게도 개인 기도시간이 늘어나니 더 은혜가 되고 큰 복으로 다가왔다.

사실 나는 본의 아니게 일찍 잠자리에 드는 체질이다. 당연히 새벽에 일어나는 것이 너무 쉽다. 반대로 철야기도는 잘 못 한다. 오랫동안 간경화로 고생해서인지 그런 체력이 못 된다. 밤에 잠을 못 자면 그다음 날 일을 할 수가 없다. 나에겐 새벽기도가 딱 맞다.

새벽기도회를 1, 2부로 하니 교회에 기도소리가 끊이지 않고 울려 퍼져 하나님께 상달된다고 생각하니 얼마나 마음이 기쁜지 모르겠다. 기도의 시간도 점점 길어지고, 기도하는 성도들도 늘어나니 더욱 기쁘다. 이것이 목자의 마음인가 보다.

기도는 영적 호흡이기 때문에 쉬지 않고 해야 한다. 사도 바울은 전도 여행을 하면서 제일로 먼저 찾은 곳이 바로 기도 처소였다.

"안식일에 우리가 기도할 곳이 있을까 하여 문 밖 강가에 나가 거기 앉아서 모인 여자들에게 말하는데" 행 16:13

"우리가 기도하는 곳에 가다가 점치는 귀신 들린 여종 하나를 만나니 점으로 그 주인들에게 큰 이익을 주는 자라" 행 16:16

"한밤중에 바울과 실라가 기도하고 하나님을 찬송하매 죄수들이 듣더라" 행 16:25

전도사역은 기도로 성령 충만하여 나가서 증인될 때 성령이 역사하여 열매 맺게 해주시는 것이다. 우리 교회의 새벽기도는 축복이었다.

한번은 부흥집회에 강사로 오신 목사님이 이런 말씀을 해주셨다.

"어느 날 제가 숙소에서 새벽에 일어나니 기도를 하고 싶었습니다. 가까운 교회에 기도를 하려고 갔더니 개척교회는 그냥 캄캄하게 불 꺼진 상태였고 문은 굳게 잠겨 있었습니다. 할 수 없이 다시 숙소로 돌아와 기도했네요. 물론 성도도 없는데 새벽기도를 하기가 쉽지 않겠지요. 그러나 기도 없이는 부흥도 없고 전도하기 어렵고 힘도 빠집니다. 기도하고 성령 충만하면 벌써 말에 능력이 나타납니다. 오순절 성령 충만 받은 주님의 제자들의 변화는 말의 변화입니다. 너무나도 확신에 찬 말이 나옵니다. 세상이 감당할 수 없는 말이 됩니다."

세계로 금란교회 주성민 목사님의 간증도 같은 맥락이다.

"부흥의 비결은 전도라고 말하지 않고 기도라고 말합니다."

전도도 기도를 해야 능력을 받는 것이다.

우리는 진리를 가진 사람이다. 확신에 찬 복음 전도가 능력이 있다. 이미 예수님이 승리 하셨고, 우리 또한 승리한 하나님의 자녀들이다. 마귀도 능력 없는 사람을 잘 알고 있다. 기도할 때 성령의 권능이 임하고 능력 전도가 되는 것이다. 우리 교회의 새벽기도회는 교회에 주신 축복이다. 전도하기 전에 기도부터 하자.

가족은 나의 협력자

나의 목회의 보배는 우리 가족이기도 하다. 확실한 동역자들이기에 그렇게 말하는 것이다. 특히 아내는 내 목회에 정말 많은 도움을 주는 협력자이다. 나는 간경화란 질병 가운데 예수님을 만나 회복됐기에 그 은혜에 감사해서 목회자가 되었다.

나는 6남매 중 넷째로 태어났다. 위로 형님 두 분과 누님, 아래로 여동생만 둘 있는 사이에서 존재감 없는 넷째였다. 아버님은 47살 되시던 해에 간경화로 돌아가셨고 형님들도 젊은 나이에 역시 같은 병으로 세상을 먼저 떠났다. 나 역시 같은 병으로 세상을 먼저 떠날 뻔했다.

사실 우리 가정은 기독교의 배경이 전혀 없다. 시골교회에서 믿음생활하다 신학대학교에 가서 졸업하고 개척했으니 교회에 대하여, 목회에 대하여, 모르는 것투성이였다.

교회 다닐 때에도 100명도 안 되는 작은 교회만 다녔다. 작은 교회를 폄훼하려는 것이 아니다. 다만 교회의 성장을 더 그려나 가기에는 한계가 있었다. 작은 교회의 모습, 작은 교회의 목회는 어떻게 해야 할지 감이 왔지만 더 큰 교회는 어떤 모습인지 그림도 그려지지 않았다. 반면 아내는 일찍 믿음을 가졌고 여의도순복음교회에서 믿음생활하고 주일 학교 교사로 섬겼다. 신앙 스케일이 달랐다. 한마디로 나에 비하면 베테랑이다. 교회의 생리를 너무나도 잘 알고 있었다. 그런 아내를 만난 것이 일생일대의 축복이다.

사실 아내와 나는 알고 지내던 목사님의 중매로 만나 결혼하게 되었다. 아내도 나와 같은 6남매 중 넷째 딸로 태어났으며 유아교육을 공부했다. 아내는 중학교 3학년 때 친구의 아버지가 목사님이셨는데 친구의 전도로 신앙생활을 했다고 했다. 아내는 언니들과 동생 부모님을 모두 전도했다. 아주 어린 시절부터 전도에 열심 있는 사람이었다. 아내는 나의 첫인상을 마르고 왜소한 모습이었다고 말한다. 세상적으로 볼 때는 신랑감으로서 첫 모습은 그냥 그랬나 보다. 그런데 왜 이런 나와 결혼을 하게 되었을까? 왠지 함께해야 할 것 같은 마음이 들었다고 한다. 그리고 주의 종으로 신뢰가 갔다고 말했다.

나는 첫눈에 아내에게 반했다. 평생을 함께할 배필임을 한눈에 알 수 있었다. 그렇게 결혼을 했다. 어렵고 힘든 개척의 길도 아내인 사모와 함께 하니 나에겐 큰 힘이 되었다. 나는 성격이 조용하고 활달하지 않다. 내성적인 편이다. 하지만 아내는 외향적이고 활달하며, 적극적이었다. 그렇다고 극성맞은 사모는 아니었다. 내 결정을 늘 존중하고 인정해줬다. 오랜 시간을 살았지만 아내와 크게 다툰 적이 없을 정도로 내게 순종하며 목회를 도왔다. 너무도 고맙다.

그런데 미안한 사람들이 있다. 바로 자녀들이다. 개척교회를 하며 힘겹게 주의 은혜로 하루하루를 넘겼다. 우리 아이들은 자기 친구들이 누리는 혜택을 포기해야 했다. 큰 아이는 학원 한번 제대로 보내기도 어려웠다. 사교육은 시켜본 기억이 없다. 친구들도 제한적으로 사귈 수밖에 없었다. 목회자 자녀들은 비뚤어지기 쉬운 환경에 놓인다. 목사보다 목사 자녀들이 받는 스트레스가 더 크다.

"너는 목사 아들인데 왜 그러냐?"

사실 아이는 아이일 뿐이다. 목사가 아니다. 하지만 사람들은 목사 수준의 엄격한 잣대를 들이밀고 아이에게 요구한다. 사방에 기대자들로 북적이는 교회에서 바르게 성장하기란 보통 어려운 일이 아니다.

하나님은 공평하시고 은혜로우신 분이시다. 감사하게도 우리 아이들은 반듯하게 잘 자라주었다. 큰딸은 초등학교 4학년때부터 교회 피아노 반주를 했다. 서툴러도 사람이 없으니 할 수밖에 없었다. 몇 개월이 지나자 솜씨가 일취월장했다. 내 눈짓만 봐도 반주를 맞춰서 딱딱 들어가 줬다. 하다 보니 잘하게 되어 아빠의 목회에 든든한 동역자가 되었다.

어디 이뿐이랴. 난 자녀들이 많다. 3남 2녀다. 5남매의 아빠다. 이어서 동생들도 피아노, 드럼, 기타 등을 배워 찬양을 했다. 아이들 친구들도 악기를 배워 찬양이 풍성해졌다. 아이들은 목회를 도왔다. 이렇게 잘 자란 아이들인데 어찌 된 일인지 목사가 되겠다거나, 사모를 하겠다는 아이들이 막내 빼고는 없다. 아이들이 아빠 옆에서 어릴 때부터 목회를 잘 배워서 잘할 것 같은데도 말이다. 아마 개척교회에서 힘들게 고생해서 그런가 보다. 아빠로서 마음이 아프기도 하다. 물질적인 어려움도 있지만 이들이 받았던 많은 상처는 관계의 어려움인 것 같다. 지금도 개척교회 가서 목사님들 이야기를 들어본다.

"목사님! 요즘 뭐가 제일 어려우세요?"
"교회에 잘 나왔다가 어느 날 큰 교회로 떠나가는 성도들을 볼 때 가슴이 아픕니다."

아이들도 교회에서 친구로 잘 지내다가 부모님이 다른 교회로 가니까 덩달아 헤어지는 것이 가슴 아플 것이다. 내 자녀들도 그런 아픔이 있었다. 어쩔 수 없지만 지금도 미안한 마음이 든다.
그런데 우리 가족에게 기적이 일어났다. 아직 어린 막내아들이 그런다.

"아빠! 전 커서 목사가 될래요."
"정말? 목사가 되고 싶어?"

해가 서쪽에서 떴나 보다. 교회가 성장하고 비교적 안정적인 때 태어난 아이라 그런지 선뜻 한다고 하니 그저 감사할 따름이다. 물론 어떻게 변할지는 아무도 모른다. 하나님만이 아시겠지만.
지금 나의 가족은 가장 든든한 협력자요 힘이다.

"주께 힘을 얻고 그 마음에 시온의 대로가 있는 자는 복이 있나이다" 시 84:5

이 시대 주님의 도우심 속에 하나님의 비전 속에 살아가길 축복하며 기도한다.

　가족은 나의 협력자다.

Step 2

우리 교회는 이렇게 전도한다

토스트 전도로 평판을 좋게 하라

때는 2011년이다. 우리 교회는 매년 첫 달에 신년축복성회를 한다. 그동안 강사님들마다 전도에 대한 놀라운 도전을 주고 은혜를 주셨다. 2011년에는 안산상록중앙교회 서용봉 목사님께서 토스트 전도에 대해서 소개해 주셨다.

큰 도전을 받은 나는 부흥회가 끝나자마자 즉시로 부흥회를 하신 목사님 교회로 성도들과 함께 교회 탐방을 갔다. 그리고 토스트 전도하는 것을 두 눈으로 함께 간 성도들과 똑똑하게 보았다. 잘 견학하고 교회로 돌아오자마자 토스트 전도를 바로 시작했다.

사실 토스트 전도를 시작할 때는 교회가 건축된 지 얼마 안 되어 경제적으로 어려울 때였다. 토스트 전도는 생각보다 비용이 많이 들었다. 몇몇 성도들은 너무 많은 지출이 되니 조금 연기해보자는 의견도 있었다. 그러나 일단 해보는 쪽으로 의견이 모아지고 실행하고 꾸준히 전도를 했다. 빠듯한 재정에서 쥐어짜듯이 전도에 다 쏟아붓자 기적이 일어났다. 교회 재정이 도리어 채워지기 시작했다. 하나님께서는 물질로 풍성하게 채워주셨다. 하나님은 전도하는 것을 매우 기뻐하셨다.

드디어 때가 왔다. 토스트 전도 첫날, 감격스러운 날이 왔다. 모든 준비가 완벽하게 되었다. 매주 화요일 일명 '토스트공장'이 돌아가기 시작한 것이다. 토스트용 식빵 10박스를 구입했다. 10박스로 토스트 600개 정도가 만들어졌다. 성도들은 토스트 600개를 정성스럽게 구워 나누어주기 시작했다. 사실 처음엔 토스트 기계를 구입하여 배방읍내 아파트단지 앞에 천막을 치고 현장에서 구웠다. 토스트를 하나둘씩 구워 가니 주변에 구수한 냄새가 온천지를 진동시켰다. 생각해보라. 아침시간 배고픈 상황에 이 냄새를 맡으면 '참새가 방앗간을 못 지나친다'고 그냥 가기 쉽지 않은 상황이 연출되지 않겠는가. 우리 교회 전도팀은 무료로 이 맛난 토스트를 오가는 주민 분들에게 나누어 드렸다.

"이거 공짜예요?"

"네, 그냥 드리는 거예요."

"정말요?"

출출한 출근길, 등굣길에 회사원들과 학생들에게 토스트는 든든한 한 끼가 되었다. 지나가는 택시기사님들에게도 나눠 드렸다. 또 주변 상가에도 갖다 주었다. 한 팀은 배달팀이 되어 아파트의 노인정, 경비실, 미화원, 관리실까지 두루 다니며 사랑과 정성이 듬뿍 담긴 토스트를 나누어 주었다. 아파트 단지 전체가 토스트 전도하는 날이면 구수한 빵 굽는 냄새로 천지를 진동시켰다. 그렇게 반응이 너무 좋아지자 얼마 후부터는 관공서까지 확장하게 되었다. 읍사무소, 파출소, 중대본부, 소방서 등에도 배달하게 되었다.

"수고하십니다. 토스트인데 나눠 드세요!"
"네?"

처음엔 당황하다가 교회에서 왔다는 걸 알고는 금세 무장해제를 한다.

"아, 그래요? 잘 먹겠습니다. 하하하!"

지금은 야외에서 토스트를 굽는 것이 여러 가지로 어려운 상황이 되었다. 도로 주변에 천막을 설치하고 철거하고 옮기고 하는 것이 어려워져서 교회 안에서 토스트를 구워서 배달하고 있다.

사실 우리가 토스트를 구울 때 그냥 굽는 것이 아니다. 간절히 기도하고 굽는다.

"하나님! 이 토스트를 받는 이들의 마음이 열려서 주님을 믿고 만나게 해주십시오."

그런데 정말 기도한 대로 되가는 것이 아닌가. 놀라운 것은 교회에 대한 세상 사람들의 반응이 좋아지기 시작했다는 것이다. 받는 사람들이 기쁨으로 받았다. 하도 오래 하니까 토스트 주는 교회로 삽시간에 소문이 났다. 좀 지나니 더 좋은 소문이 나기 시작했다.

"배방중앙교회가 참 좋은 교회래. 거기 나가면 축복받는대."

불신자들이 오히려 소개를 해주는 일도 생겼다. 택시기사, 관공서에서 근무하시는 분들, 아파트단지에서 일하시는 분들이 앞다투어 새로 이사 온 분들에게 배방중앙교회를 소개했다. 오랜 기간 좋은 토양을 위해 기도했는데 마침내 기도응답이 되는 순간이 오게 된 것이다.

너무도 감사한 일이다. 이렇게 매주 화요일은 토스트 전도의 날이 되었다.

나는 웃는 말로 성도들에게 말한다.

"여러분은 평생 먹는 빵 때문에 걱정하지 않을 거예요. 왜냐하면 그동안 봉사하면서 흘려보낸 토스트가 어마어마하게 많거든요. 다 복이 되어 돌아올 거예요."

이렇게 토스트 전도를 하는 데 지금까지 구운 것을 합하면 족히 20만 개는 넉넉히 될 것이다. 난 평생 은퇴할 때까지 하나님께서 허락하시는 한 토스트 전도를 계속할 것이다.

뻥이야!

난 좋은 전도법이 있다 싶으면 즉시로 가져와 실천하는 습관이 있다. 2014년 신년축복성회가 열렸다. 김명호 목사님께서 은혜로운 말씀을 전하시면서 뻥튀기 전도를 소개해주셨다. 부흥회가 끝나자마자 즉시로 행동에 돌입해 뻥튀기 기계를 구입했다. 그때부터 당연히 '뻥튀기 공장'도 돌아가기 시작했다.

장재환 집사님이란 분이 뻥튀기 담당을 하셨다. 경찰 공무원을 은퇴하시고 봉사하시는데 매일 출근하셔서 오늘 가지고 나갈 분량을 계산하셔서 튀겨놓으신다. 집사님은 쉬지 않고 봉사하시면서도 불평하거나 이 일을 싫어하지 않고 도리어 이렇게 말씀하신다.

"교회에 매일 오는 것도 감사한데, 더욱이 전도하는 일에 쓰임받게 되어서 더 감사해요."

이런 마음으로 오늘도 열심히 뻥튀기를 튀기고 계신다. 막상 뻥튀기 전도도 해보니 생각보다 호응이 좋았다. 전도할 때 남녀노소 누구나 좋아했다. 전도자들도 좋아했다. 제까짓 게 무거우면 얼마나 무거울까? 뻥튀기는 운반이 용이하여 전도 다니기도 쉬웠다. 또 며칠 보관해도 문제가 없어 언제든 준비해놓으면 손쉽게 가지고 다닐 수 있게 되었다.

교회에 오면 언제든지 장 집사님이 튀겨놓은 뻥튀기가 준비되어 있기 때문에 성도들은 회사에서 퇴근하고 와서도 시간을 내어 한 포대씩 들고 나갔다. 뻥튀기 한 봉지 주면서 전도하는 습관이 자연스럽게 생기게 되었다. 이렇게 뻥튀기 전도는 교회의 새로운 활력소가 되었다.

우리 교회뿐만이 아니었다. 이웃 개척교회에도 우리 교회의 뻥튀기 전도 소문이 삽시간에 퍼졌다.

"목사님, 우리 교회도 뻥튀기 전도하면 안 될까요?"
"그럼요, 얼마든지 도와드릴게요!"

옛날 개척교회 시절 전도용품이 없어 발을 동동 굴리고 있을 때 흔쾌히 전도용품을 후원해주신 교회가 생각났다. 이젠 우리 교회도 나눌 수 있는 교회가 되었다. 그래서 그들을 돕는 일을 시작했다. 지방 개척교회들에게도 뻥튀기를 공급하기 시작했다. 전도의 영역이 더욱 넓혀지게 되었다.

감사하게도 이제는 뻥튀기 전도가 온양지방회 10여 개 개척교회에 전도용품으로 지원하는 일로 확대되었다. 이렇게 전도에 도움이 되는 도구라면 뭐든지 해보는 것이 체질이 되었다. 그래서 배방중앙교회하면 전도하는 교회로 주위에 소문이 날 정도가 되었다.

내 이웃 교회를 위해 전도해주자

"따르릉!"

"김 집사, 오늘 뭐 해?"

"오늘? 딱히 급한 일은 없어. 근데 왜?"

"오늘 안 바쁘면 나 좀 도와줄래?"

"뭐 하는데?"

"응, 매장에 신발 좀 사러 가자."

"그래, 그 정도야 뭐. 같이 가줄게!"

오후 6시가 다 되어서 어마어마한 메이커 신발들이 교회로 들어온다.

내가 물어보았다.

"수고 많았어요. 신발이 몇 켤레나 돼요, 김 집사님?"
"아, 목사님. 50켤레입니다."
"응, 그래요. 신발 사이즈는 잘 맞췄죠?"
"네. 그럼요, 목사님."

이 광경은 1년에 한 번 연초에 우리 교회에서 벌어지는 풍경이다. 일명 '개척교회 위로 큰잔치'를 위한 준비물이다. 그날은 미리 선정된 12개의 미자립 개척교회 목사님, 사모님, 자녀들까지 모두 교회로 초청하는 행사를 가진다. 교회에서 지극정성으로 준비한 맛있는 저녁식사를 대접하고 위로의 메시지를 전한다. 좋은 정보를 공유하기도 하고 화기애애한 이야기꽃을 피우는 시간을 갖는다. 갈 때는 또 그냥 돌려보내지 않는다. 사전에 자녀들의 신발 치수를 조사하고 일명 메이커 신발도 한 켤레씩 사드린다. 용돈도 드려서 보내드린다. 그분들 입이 귀에까지 걸린다.

사실 우리 교회는 규모가 그리 크지 않다. 장년 출석성도가 300명 정도 모이는 교회다. 그래도 여러 가지 일을 함께할 수 있다는 것이 얼마나 감사한지 모른다.

오늘날 개척교회의 현실은 일어서기가 얼마나 힘든지 모른다. 일할 수 있는 일꾼이 없고, 재정도 없다. 그러다 보니 전도할 엄두가 안 난다. 내가 개척할 당시는 그나마 교회가 개척되면 헌신하러 오는 성도들이 꽤 있었으나 지금은 다들 시설 좋고 편안한 교회로 가려고 한다. 스스로 어려움을 자처하려고 하지 않는다. 그래서 자원이 있는 교회는 개척교회에 흘려보내야 한다. "우리 교회! 내 교회!"만 외치는 개교회 중심의 마음만 조금 내려놓으면 충분히 실천 가능한 일이다.

우리 교회의 시스템은 오로지 전도에 맞춰져 있다 해도 과언이 아니다. 성도들은 이미 전도를 많이 해보았기 때문에 밖에 나가 사람을 만나는 것을 두려워하지 않는다. 그래서 개척교회를 돕는 일을 본격적으로 하기 시작했다. 1년에 한 번 돕는 행사로 끝내지 않고 남전도회와 여전도회도 각각 전도회별로 개척교회 한 교회씩을 담당하게 했다. 주기적으로 뻥튀기를 가지고 가서 전도해주고 온다. 실제 전도하여 전도대상자 명단을 아예 받아다 전달해주기까지 한다. 그러면 개척교회 목사님, 사모님들만 좋아하는 것이 아니다. 전도하러 갔던 전도자들도 기뻐하고 즐거워한다.

"목사님! 배방중앙교회 성도님들은 어쩜 저렇게 담대하게 복음을 전하시는지 감동받았습니다."

일꾼도 성도도 없는 교회에 우리 교회 일꾼들이 가서 열심히 전도하고 오면 개척교회 목사님과 사모님이 큰 힘을 얻는다. 도전과 감동을 받는다. 힘을 얻고 더욱 분발해서 전도하게 된다고 이구동성으로 말씀하신다.

불은 나무 한 토막일 때는 잘 타지 않는다. 불을 붙이기도 힘들다. 설령 불이 붙었다고 할지라도 화력은 미미하다. 하지만 여러 나무토막이 모이면 불이 잘 붙고, 화력도 굉장히 강력해진다. 이러한 불쏘시개 역할을 우리 교회에서 하는 것이다.

그중에 두 교회 목사님의 감동의 글을 잠시 소개해보겠다.

··· 한 통의 전화로 시작된 전도

(영혼구원의 사이렌 소리) : 꿈꾸는 교회 최홍철 목사

"보라 형제가 연합하여 동거함이 어찌 그리 선하고 아름다운고" 시 133:1

교회를 개척하여 전도를 쉬지 않고 했습니다. 그것도 3년 동안 계속하였습니다. 그런데 해가 갈수록 지쳐가는 나의 모습을 발견하게 되었습니다. 기도제목이 더 늘었습니다. 제가 지치지 않게 해달라는 것과 동역자들을 붙여주시기를 위해 기도하였습니다. 전도

를 하는 것에 있어서 사모 외에 같이 하는 사람이 없었기 때문입니다. 같이 하는 사람이 없더라도 교회가 성장하고, 자리를 잡아갔다면 지치지 않았을 텐데 막상 교회에 왔다가도 큰 교회로 떠나가는 사람들의 모습을 볼 때는 마음에 좌절감이 한없이 밀려왔습니다. 다 같은 하나님의 교회이니 괜찮다는 위로도 들었으나 지쳐가는 마음에 열정의 불쏘시개가 절실한 시점이었습니다. 이렇게 또 한 해가 흘렀습니다.

2015년 1월 주일 아침이 되었습니다. 여느 때와 같이 예배를 준비하는데 어디선가 전화 한 통이 걸려왔습니다.

"나 배방중앙교회 김병완 목사예요."

"아. 네, 목사님."

"바쁘지 않으면 오후에 사역 끝나고 우리 교회로 가족들 다 데리고 오세요."

사역을 마치고 가족들과 식당에 갔을 때는 같은 지방회 여러 목사님, 가족들이 이미 와 계셨습니다. 잠시 후 배방중앙교회 김병완 목사님과 사모님, 성도님들도 함께 오셨습니다.

마음속으로 '어? 성도님들이 왜 이렇게 많이 오셨을까?' 이런 생각도 들었습니다. 저녁식사를 맛있게 먹은 후 목사님께서 말씀하셨습니다.

"여기 함께하신 분들은 저희 교회 여선교회분들이에요. 앞으로 미자립교회별로 한 팀씩 묶어드릴 테니 이분들이 여러분 교회를 위해 전도해주실 겁니다."

순간 멘붕이 왔습니다.

'아니, 왜 남의 교회 성도가 우리 교회를 위해 전도해주지?'

그러면서도 그동안의 좌절감, 답답함이 뻥 뚫리는 것 같은 시원함이 다가왔습니다. 그동안 동역자를 보내달라는 기도가 응답되는 순간이었습니다.

그날 우리 꿈꾸는 교회는 배방중앙교회 베테랑 5, 6여전도회를 만나서 전도에 대한 이야기를 하며 다음에 만날 시간과 장소를 정하였습니다.

이렇게 희망에 찬 마음으로 돌아오며 전도를 연합하여 할 수 있도록 하신 하나님께 감사하며, 여전도회를 만날 날을 사모하면서 기다렸습니다.

드디어 2월이 되었습니다. 5, 6여전도회 회장이신 집사님으로부터 둘째 주 목요일 오후 1시에 우리 교회로 오신다는 연락이 왔습니다. 그 뒤로 약간의 긴장감과 간절한 기도가 더해졌습니다.

마침내 그날이 되었습니다. 무려 일곱 분의 집사님들이 예배당 안으로 들어오시는데 양손가득 뻥튀기가 들려 있었습니다. 당시 우리도 준비한 전도용품이 있었지만 여전도회에서 가지고 온 뻥튀기로 전도하기로 하고 일단 합심기도를 하였습니다. 기도 후 2명씩 한 조를 이뤄 아파트, 상가, 거리로 첫 번째 협력사역이 시작되었습니다.

이런 사역이 한 번으로 끝나는 게 아니었습니다. 매달 둘째 목요일이면 어김없이 교회로 와서 기도하고, 전도할 때 우리 부부가 2~3주 걸리던 거리를 집사님들이 얼마나 많이 가가호호, 상가, 거리를 다니셨는지 그 많던 뻥튀기가 순식간에 다 사라졌습니다.

그렇게 전도가 끝나면 그날 만났던 분들의 정보를 저희에게 전달해주시고 우린 그것을 전도 대상자 목록에 올려 기도하고 다시 만나게 되는 전도의 좋은 접촉점이 되었습니다.

실제로 극동아파트 2동에 사시는 62세의 정○○ 아주머니는 집사님들이 방문전도를 하면서 주신 정보를 가지고 다시 접촉하면서 결국 교회로 나오는 놀라운 역사가 일어났습니다. 그분은 처녀시절 잠시 교회를 다니신 경험이 있기는 하지만 그 이후 결혼을 하면서, 불교대학까지 졸업하신 열혈 불자이신 분이었습니다. 하지만 참 생명의 복음 앞에서 예수님을 주로 고백할 수밖에 없었다고 나

중에 말씀해주셨습니다.

"예수께서 이르시되 내가 곧 길이요 진리요 생명이니 나로 말미암지 않고는 아버지께로 올 자가 없느니라" 요 14:6

사실 뻥튀기를 들고 전도하다 보면 차를 타고 가시는 분들이 멈추는 일이 종종 생깁니다.
"저기요! 나도 한 봉지 줄 수 있어요?"

뻥튀기뿐만 아니라, 다양한 접촉점을 찾기 위해 여름에는 시원한 냉커피 전도와 아이들이 좋아하는 풍선 전도, 쌀쌀한 날씨에는 따뜻한 차 전도, 기타 다양한 전도용품을 통하여 불신자들과 접촉점을 찾기 위해 열정으로 복음사역에 임하는 모습에 개척교회 목사로서 좋은 힘을 얻고 도전을 받았습니다.
여기서 잠시 이렇게 배방에서 천안까지 5, 6여전도회 집사님들이 오시는 모습을 잠시 상상해봅니다.

'저 멀리서 119구급대의 사이렌 소리가 들린다. 죽어가는 환자들로 지금 긴급한 상황이다. 빨리빨리 오세요… 아… 한두 대가 아니네? 마침내 구원의 구급차가 우리 교회 마당으로 들어온다. 휴…

살았다.'

우리 교회로 오시는 집사님들의 모습은 복음의 사이렌 소리와 같습니다.

어느 날, 여느 때와 같이 전도를 마치고 교회로 돌아와 티타임을 가지던 중 한 집사님으로부터 김병완 목사님의 기도제목 한 가지를 듣게 되었습니다.

"하나님! 저희 교회가 배방 인구의 십 분의 일을 감당하게 해주십시오."

이 기도제목을 듣는 순간 '아! 왜 나는 그런 기도를 하지 못하였을까?' 하는 충격과 함께 큰 도전을 받았습니다.

분명히 하나님께서 말씀하셨습니다.

"나는 너를 애굽땅에서 인도하여 낸 여호와 네 하나님이니
네 입을 크게 열라 내가 채우리라." 시 81:10

그런데 '왜 나는 하지 못하였을까'라는 부끄러운 생각이 들었습니다. 한편으론 목사님의 영혼을 향한 열정이 지금의 교회를 세우

고, 성도들을 영혼의 구조대로 세워가지 않나 생각도 했습니다.
 J. 맥 스타일즈는 전도를 이렇게 정의합니다.

"전도자들은 자살하려는 사람들과 대화하도록 훈련받은 상담사와 같다. 그들의 목표는 뛰어내릴 가능성이 있는 사람이 절벽에서 물러서도록 대화하는 것이다. 상담사는 강제력을 사용하지 않고, 거짓말하지 않는다. 설득하기 위해 진실, 소망, 이성을 사용한다. 차분하며 냉철하다. 친절하다. 생명이 달려 있다는 것을 알기 때문이다."

 위 정의를 몸소 실천하시는 여전도회 성도님들께 감사하며, 또한 5, 6여전도회를 J. 맥 스타일즈의 전도의 정의와 같이 사역의 현장에서 실천하도록 훈련시키셔서 교회로 파송하여 주신 배방중앙교회 김병완 목사님께 감사의 인사를 글로 대신합니다. 감사합니다. 그리고 진심으로 축복합니다.
 이렇게 개척교회가 힘이 난다고 하니 나 자신도 흐뭇하고 기쁘고 행복한 마음뿐이다. 다음은 물댄동산교회 목사님의 간증이다.

··· 목회하면서 가장 큰 기쁨을 누리는 순간

물댄동산교회 신희정 목사

만일 누군가가 나에게 목회하면서 가장 큰 기쁨과 보람을 느낄 때가 언제냐고 묻는다면 나는 주저하지 않고 "전도할 때입니다."라고 말할 것이다. 전도를 나가는 순간까지 마음이 무겁기도 하고, 사람을 만나는 부담감에 짓눌리기도 한다. 그러나 전도의 현장에서 복음을 증거할 때 맛보는 것은 세상이 줄 수 없는 기쁨이다. 정말 이 세상 어디에도 경험할 수 없는 기쁨! 이것은 내가 만들어낼 수 있는 기쁨이 아니라 전도하는 자에게 성령께서 선물로 주시는 기쁨이다. 전도할 때 주신 소중한 순간들을 기록으로 남긴다.

처음 교회를 개척한 것은 2012년 봄이었다. 개척이 현실이 됐을 때 '내가 할 수 있는 것은 아무것도 없었다'라는 무력감에 빠져 있었다. 사람들이 정착하기에는 우리 교회는 너무 외진 곳에 있었다. 교회당은 20여 평도 되지 않는 작은 공간이 전부였다. 맨 주먹으로 시작한 예배당은 여러 교회에서 쓰던 성물들도 가득 채워져 있었다. 교회 규모에 비해 지나치게 큰 스피커, 쓰다가 버려도 전혀 이상할 것 같지 않은 장의자 5개, 여기저기 흠집 난 강대상, 이것이 전부였다.

지방회를 다녀오거나 세미나를 다녀오면 예배당이 더 작아 보이고 초라해 보였다. 처음 가정에서 교회를 시작할 때 있었던 5명의 성도는 막상 예배처소를 구하자 하나둘 떠나기 시작했다. 이런 환경 속에서 간절히 기도할 때 주님은 전도에 대한 마음을 부어주셨다.

전도지를 만들어 무작정 근처 천 세대 되는 아파트로 나갔다. 엘리베이터를 타고 맨 위층으로 올라가서 집집마다 초인종을 누르며 복음을 전했다. 가끔 문 열어주는 세대에게 "예수님 믿으세요."라며 전도지를 주는 것으로 한 집도 빠짐없이 복음을 전하고 또 전했.

사실 처음에는 마음이 조마조마하고 눌린 상태에서 심호흡을 하지 않으면 초인종을 누르기조차 힘들었다. 그런데 시간이 지날수록 알 수 없는 담대함이 생겼다. 여름이 되면 선교 헌금으로 후원을 받는 교회와 연결하여 마을초청산지를 하기도 했다. 마을초청 잔치가 있기 두세 달 전부터 전단지를 만들어 마을을 몇 번씩 돌아다니며 지역 주민에게 알리고 초대를 하면 80~100여 명 되는 분들이 교회 앞마당을 가득 채우기도 했다.

전도를 하다 보니 필요한 물품들이 풍성하게 공급되었다. 그래서 전도하는 물품은 지금까지 부족함이 없다. 때에 맞게 채워주시는 풍성한 주님의 은혜를 경험하게 된다. 처음에는 물질이 없어 전도를 못 할 것 같은데 어느 순간부터 필요한 것은 주님이 그때그때 채워주시는 은혜를 경험하게 하셨다.

그런데 한계가 있었다. 마을 잔치를 하고 주민의 마음을 얻었다고 해서 그들이 교회에 나오는 것은 아니었기 때문이다. 노력 대비 결과는 너무 허무했다. 깊은 고민과 기도 끝에 모든 것을 내려놓고 오직 복음만 전하기로 했다. 전도지를 복음의 내용으로 가득 채웠다. 잘 읽으면 예수님이 어떤 분이고 왜 믿어야 하는지, 어떻게 영접하는지 등 구체적으로 기록해놓았다. 이제 많은 사람에게 그저 전도지를 건네만 주는 것이 아니라, 한 사람 한 사람 찾아가서 복음 듣기 원하는 자들에게 상세하게 복음을 전하였다.

이런 전도방식의 터닝 포인트가 일어나는 상황에서 배방중앙교회로부터 연락이 왔다.

"물댄동산교회에 전도대를 파송해드렸으면 좋겠습니다."

천군만마를 얻는 기분이었다. 2015년이었다. 그때부터 매달 셋째 주 주일 오후 전도대가 우리 교회로 와주신다. 이들은 우리 교회에 큰 힘이 되었다. 그분들은 전도로 잘 훈련된 군사들이었다. 기도의 용사들이었다. 함께 모여 기도할 때 얼마나 큰 힘과 용기를 얻는지 모른다. 그분들에게 요청했다.

"여러분들께서 지역의 영적 상태와 전도방문 후 재방문할 수 있는 사람의 명단을 건네주시면 제가 재방문하여 복음을 전하겠습니다."

실제 배방중앙교회 전도대는 전도의 지경을 넓혀주셨다. 교회 가까이에 있었지만 우리 교회의 발길이 닿지 않는 곳까지 방문을 해주셨다. 그 결과 주 타깃을 삼았던 마을에서 두 명이 예수님을 주님으로 고백하며 교회에 등록하여 지금까지 신앙생활을 잘하고 있다. 이들이 교회 오기까지 오랜 시간이 걸렸지만 예수님을 영접하고 등록을 하니 그대로 정착이 되었다. 또한 직장 때문에 외지에서 온 분들이 교회를 찾고 있었는데 그야말로 딱! 전도지를 받아보고 교회에 마음을 열고 있는 가정도 몇 가정 생겼다.

전도는 나가면 있고 안 나가면 없었다. 현장에 나갈 때 주님이 예비하신 영혼들이 있었다. 전도는 내가 하지만 결과는 성령의 역사이다. 결과를 주님께 맡기고 나가면 된다.

전도하면 내 영혼부터 살아나고 교회가 든든해진다. 때에 맞게 채워주시는 주님의 손길을 경험한다. 가장 큰 결실은 성령이 주시는 기쁨이다. 이 기쁨은 세상이 주는 것이 아니었다. 뭐라고 설명할 수 없는 기쁨이다.

지금 우리 교회는 모두 전도를 통해서 채워진 성도들이다. 처음 예수님을 믿는 분들이 대부분이고 이단에 빠졌던 자들, 세상에 실패하고 버림받은 자들, 이혼한 가정, 독거노인들로 구성되어 있다. 그러나 분위기는 너무 좋다. 행복한 목회를 하고 있다. 다만 이제 교회를 확장해야 할 정도로 비좁다. 교인이 많아서가 아니라 원래 좁았다. 교회이전을 위해서 기도를 시작했다. 마지막으로 전도대를 파송해주신 배방중앙교회 김병완 목사님과 제1남전도회 전도대원들, 배방중앙교회에 깊은 감사를 드린다. 이 모든 것이 주님의 은혜임을 고백한다.

이렇듯 사실 내가 미자립개척교회를 섬기는 것은 빚진 자의 마음 때문이다. 내가 직접 개척교회를 경험했고 실제 어려운 상황을 거쳐왔기에 이 분들을 돕고자 시작한 것이다. 또 나도 처음 개척할 때 이웃 교회의 도움을 받았기 때문에 그들의 심정을 누구보다 잘 알고 있다. 하나님이 빽이시고 자원을 주시는 분이지만 만약 같이 해줄 사람이 없고 물질이 부족하다면 낙심하기 딱 좋을 상황이다. 그때 그분들의 도움으로 힘을 얻기도 하고 용기를 가질 수 있었기에 오늘날 내가 도로 그 빚을 갚는 것이다. 이렇게 하고 온 날은 더욱 보람되고 마음도 뿌듯하다. 목회하길 잘했다는 생각이 든다.

그래서 올해는 5개 교회를 더 선정해서 열두 교회가 우리와 함께 전도에 최선을 다하려고 한다. 감사하게도 개척교회 목사님들이 전도하는 데 불이 붙었다. 참으로 하나님은 전도하는 교회에 부흥을 주신다. 어떤 교회는 예배당이 비좁아 더 넓히려고 하는 교회도 생기고 있기 때문이다.

   전도하여 교회가 부흥되고 목사님들이 용기를 얻었다는 소식을 들을 때마다 너무너무 흐뭇하다. 이러다가는 뻥튀기 기계를 하나 더 사야 될 지도 모르겠다. 교회가 전도하여 영혼구원하는 것보다 더 보람 있고 즐거운 일은 없다. 이제 뻥튀기 전도도 자리 잡았다. 참으로 하나님은 정확하신 분이다. 때를 따라 우리에게 전도할 수 있는 도구를 주시는 분이다.

한미 전도대회

한미 전도대회는 침례교단에만 있는 독특한 전도행사이다. 미국의 루이지애나 주에 있는 교회들이 해마다 전도팀을 모집하여 한국을 방문한다. 물론 함께 전도하는 행사이다. 한미 전도대회는 1967년부터 시작하여 지금까지 단 한 해도 쉬지 않고 계속하고 있다. 우리 교회는 2010년부터 참여하여 7년째 전도대회를 함께 하는 기쁨을 누리고 있다.

때는 보통 들녘에 황금물결이 넘실대는 장관을 연출하는 10월 중순경에 열린다. 추수할 들녘을 바라보며 영혼의 열매와 추수를 오버랩시키며 집중적으로 전도한다. 하나님은 전도하려고 마음을 먹고 준비하면 길을 열어주신다.

2010년에는 세 분의 미국인이 오셔서 3박 4일 동안 전도하였는데 놀랍게도 20명이 등록하게 되었다. 처음에는 미국분들이 오시기 때문에 어떻게 준비해야 될지 난감했다. 이분들이 무슨 음식을 좋아하는지도 모르겠고 통역과 전도대상자를 확보하고 시간을 약속하는 것이 어려웠다. 물론 부딪혀서 해보니까 노하우도 생기고 열매가 많이 맺혀갔다. 6년이 지난 이제는 미국분들이 무슨 음식을 좋아하는지도 알고 통역문제도 한두 해 하다 보니 교회 내에서 다 해결되었다. 또 전도 대상자를 찾는 일과 시간과 장소를 약속하는 것도 잘하고 있다.

우리 교회는 한미 전도대회를 위하여 일 년 전부터 계획에 넣고 기도하며 준비한다. 그리고 전도할 대상자를 찾아 관계를 미리 맺는다. 전도대회가 시작되기 한 달 전부터는 모든 구역의 현황표를 만들어놓고 이름을 적기 시작한다.

보통 미국인 전도자들 2~3명이 우리 교회에 오게 된다. 통역자를 각각 한 명씩 준비하고, 자동차를 준비하며 전도자와 대상자의 집까지 운행하고, 또 어떤 전도 대상자는 교회로 모셔 오기도 한다.

미국 전도자들은 '하나님과 화목하는 길' 소책자를 통하여 복음을 전한다. 놀랍게도 이렇게 복음을 전하면 90% 이상이 예수님을 구주로 영접한다. 그동안 기도하고 좋은 관계를 가졌기 때문에 이미 그들의 마음의 문이 열려 있는 것이다. 같은 우리나라 사람이 전하는 것과 통역을 붙여 미국 사람이 영어로 전도하는 것은 차원이 달랐다.

그동안 우리 교회에서만 통계적으로 볼 때 100여 명이 예수님을 영접했다. 예수님을 영접한 사람들은 분류해서 교회로 즉시 인도할 사람들은 교회로 인도하고 아직 교회에 오기 까지는 시간이 필요한 사람들은 계속 관계를 맺으며 기다린다.

한미 전도대회의 장점은 집중적인 전도와 교회의 하나 됨의 축제라 할 수 있다. 복음 전함에는 국경이 없다. 복음 안에서 한 형제요 자매임을 알게 되는 것이다.

미국 전도자들도 우리나라에 오기 전에 기도하고 준비하고 오기 때문에 성령의 하나 됨을 알 수 있다.

2016년도에는 C채널 방송에 '전도는 마침표가 없습니다'라는 세목으로 우리 교회 한미 전도대회를 촬영하며 방송하기까지 했다. 지금 유튜브에 '한미 전도대회'라는 제목을 치면 한미 전도대회와 토스트 전도, 뻥튀기 전도하는 모습이 그대로 나온다.

전도를 해보면 너무나도 행복하다. 왜냐하면 열매가 있기 때문이다. 특별히 남편들이 믿지 않는 여집사님 가정에 한미 전도대회를 통하여 남편들이 예수님을 영접하고 온 가족이 교회에 잘 나오는 일도 생겼다.

남편 구원을 위해 기도하던 윤은경 집사님이라고 있다. 당연히 한미 전도대회를 준비하며 기도했다. 처음에 그렇게 완고하고 절대 예수 믿을 것 같지 않던 남편도 전도대회를 통해 결국 교회에 나오게 되었다. 그분이 바로 김성주 성도이다. 이제는 온 가족 다 믿고 교회에 출석하는 모범적인 가정이 되었다. 사람의 생각과 하나님의 생각은 다르다.

또 한 분 이혜경 집사님이 있는데 이분은 믿음생활을 하다가 교회를 쉬고 있던 중, 한미 전도대회를 통하여 다시 믿음이 회복되어 우리 교회에 나오게 되었다. 그리고 그의 부모님과 형제들도 한미 전도대회를 통하여 예수님을 구주로 영접하고 우리 교회에 잘 정착하였다. 이분이 아버지 이상복 성도님과 어머니 김미재 성도, 동생인 이혜림 성도이다.

하나님께서는 우리의 끈질긴 기도를 들이주신다.

그 외에도 많은 가정이 이 한미 전도대회를 통해 남편 등 여러분들이 구원받고 교회에 나오는 일이 너무나 많았다. 정말 복음이 전파되면 주님이 역사하셔서 구원받는 역사가 일어난다. 전도는 하면 할수록 매력이 있고 흥분되는 일이다. 한 영혼이 구원받는 것을 생각하면 이보다 더 가치 있는 일은 없다.

전도의 방법은 여러 가지이다. 성령님께 예민하고 하나님 아버지의 마음을 가지고 알게 되면 전도의 문을 여신다. 사실 가까운 가족에게 복음 전하기가 쉽지 않다. 너무나도 서로를 잘 알기 때문이다. 그런데 미국분들이 그 먼 곳에서 자비량으로 선물까지 준비해서 복음을 전하러 오신 것을 알고는 그분들을 대하는 태도부터가 다름을 알 수 있다. 복음 전하기에 너무 좋은 것이다.

우리는 때를 얻든지 못 얻든지 복음을 전해야 한다. 방법이 문제가 아니다. 하나님의 말씀이 살아 역사하기 때문에 복음을 듣게 되면 역사가 일어난다. 한미 전도대회에 함께한 미국성도들이 더욱 놀라워한다. 그리고 우리도 꼭 미국에 와서 전도해달라고 요청하기까지 한다. 기회가 되면 그렇게 하려고 준비하고 기도하고 있다.

한미 전도대회는 우리 교회에 주신 또 하나의 좋은 전도선물이다.

반찬 나눔 전도

우리 교회 주변에는 어려운 독거노인들과 생활이 어려운 분들이 많다. 당연히 이분들의 어려움을 함께 나누는 것이 우리 교회에서 할 일이라고 생각하고 있다. 그래서 구제부에서 반찬 나눔 봉사를 시작했다.

초대교회에서는 사도들이 구제하는 일을 담당했다. 그런데 교회가 부흥하면서 사도들로서는 많은 사람을 감당할 수 없었다. 그때 일곱 집사를 세워서 구제하는 일을 맡겼다.

"그때에 제자가 더 많아졌는데 헬라파 유대인들이 자기의 과부들이 매일의 구제에 빠지므로 히브리파 사람을 원망하니 열두 사도가 모든 제자를 불러 이르되 우리가 하나님의 말씀을 제쳐놓고 접대를 일삼는 것이 마땅하지 아니하니 형제들아 너희 가운데서 성령과 지혜가 충만하여 칭찬받는 사람 일곱을 택하라 우리가 이 일을 그들에게 맡기고" 행 6:1-3

우리도 구제부 젊은 집사님들이 목요일마다 교회에 모여 맛있게 반찬을 만든다. 만든 반찬을 정성스럽게 포장하여 일일이 미리 정해진 가정마다 배달해 드린다. 그러면 받으시는 분들이 그렇게 좋아할 수가 없다. 이런 것들이 결국은 사람들의 마음을 여는 것이다.

가이샤라의 고넬료라는 백부장은 구제하는 일에 힘썼다. 결국 그의 친척과 친구들을 전도했다.

"가이샤라에 고넬료라 하는 사람이 있으니 이달리야 부대라 하는 군대의 백부장이라 그가 경건하여 온 집안과 더불어 하나님을 경외하며 백성을 많이 구제하고 하나님께 항상 기도하더니" 행 10:1-2

전도를 해보니까 사람들은 섬겨주면 마음을 연다. 지금은 섬김의 전도가 필요한 때이다. 선행을 행한 고넬료의 말에는 능력이 있다. 성령의 인도를 따라서 고넬료는 자기의 친척과 친구들을 다 자기 집으로 초청한다. 오늘 이 시대에 친하지도 않은데 누가 오라고 하면 누가 가는가? 그런데 섬기는 사람의 말은 능력이 있다.

우리 교회는 여름이 되면 삼계탕으로 지역 내 어르신들을 초청하여 경로잔치를 연다. 율동도하고 악기연주도 즐겁게 해드린다. 맛있는 삼계탕은 물론 조그마한 선물도 드린다. 그러면 어떤 어르신은 그러신다.

"목사님! 다른 데서 오라고 하면 안갑니다. 배방중앙교회에서 오라고 해서 온 겁니다."

그동안 뿌린 씨의 결과이기도 하다. 매주 토스트를 만들고 뻥튀기도 갖다 드리니 이미 마음 문이 열려 계신 것이다. 그래서 전도 중에 가장 좋은 전도는 관계전도라고 본다. 한미 전도대회를 할 때 미국인들과 함께 노인정에 가보면 대환영을 받는다.

예수님도 복음을 전함에 있어서 선행도 하시고 능력 있는 복음을 증거하셨다.

"하나님이 나사렛 예수에게 성령과 능력을 기름 붓듯 하셨으매 그가 두루 다니시며 선한 일을 행하시고 마귀에게 눌린 모든 사람을 고치셨으니 이는 하나님이 함께하셨음이라" 행 10:38

예수님의 삶은 주는 삶이셨다. 목숨까지 우리에게 주셨다.

"인자가 온 것은 섬김을 받으려 함이 아니라 도리어 섬기려 하고 자기 목숨을 많은 사람의 대속물로 주려 함이니라" 막 10:45

예수님은 자기 자신까지 다 내주시고 구원을 이루셨다. 사도 바울도 예수님의 삶을 본받아 주는 삶을 살았다. 에베소의 장로들에게 주는 자의 삶을 살라고 부탁한다.

"범사에 여러분에게 모본을 보여준 바와 같이 수고하여 약한 사람들을 돕고 또 주 예수께서 친히 말씀하신 바 주는 것이 받는 것보다 복이 있다 하심을 기억하여야 할지니라" 행 20:35

주는 자가 복이 있고 행복하다. 난 이 말씀을 붙잡고 늘 기도한다.

"하나님! 우리 교회가 주는 교회가 되게 하여 주시옵소서."
늘 소망하며 기도했더니 시간이 지나면서 조금씩 주는 자의 삶으로 인도해주신다. 너무나도 행복하다. 하나님은 우리를 청지기로 부르셨다. 모든 것의 주인은 하나님이시다. 물질도, 건강도, 생명도,

지혜도 다 하나님의 것이다. 주인의 것을 맡아서 주인의 뜻대로 잘 관리하는 자가 선한 청지기이다.

얼마 전 우리 교회에서 섬기는 C국의 이기도 선교사님을 만났다. 선교 보고를 하시며 충격받은 일이 있었다고 하신다. 그곳에서 힘들게 교회를 개척하고 입당 감사예배를 드려야 하는데 떡값이 없었단다. 어떻게 그 소식을 아셨는지 어느 교회 집사님들이 떡을 해 오시고 닭을 가져오셔서 무사히 잔치를 잘 마쳤단다.

그런데 떡을 해 오신 집사님이 선교사님에게 느닷없이 질문을 했다고 한다.

"목사님! 부자세요?"
"목사님! 건강하세요?"
"목사님! 행복하세요?"

당황한 선교사님이 대답을 못하고 있다가 반격을 하듯 집사님께 똑같은 질문을 했답니다.

"집사님! 부자세요?"
"집사님! 건강하세요?"
"집사님! 행복하세요?"

속으로 '설마 답변 못 하시겠지'라는 생각이 들려는 순간이었다.

"네, 저는 부자입니다. 제가 주님을 섬길 수 있을 만큼 부자입니다."
"또 저는 건강합니다. 저는 영생하도록 건강합니다. 그리고 주님이 절 사랑하시는 만큼 전 행복합니다."
"……."

'이럴 수가…' 속으로 깜짝 놀랐단다. 이 집사님은 올해 연세가 85세였고, 다리 한쪽은 잃어서 의족을 하고 계셨으며 사업이라야 야시장 한쪽에서 채소를 파는 할머니 집사님이셨다. 선교사님이 생각할 때 건강도, 부도, 행복도 없을 것 같은데 이분은 정말 믿음으로 누리고 자유한 집사님 이셨던 것이다. 얼마나 감동적인 이야기인가!

선교사님이 나에게도 묻는 것으로 생각하고 스스로 답해보았다.
"저는 요즘 성도들에게 나는 늘 행복하다고 고백합니다. 건강하고 부자입니다. 왜냐하면 주는 자의 삶이기 때문이다. 주는 자가 행복합니다. 전도도 주는 것입니다. 십자가의 사랑을 주는 것이 전도입니다."

나는 전도해서 행복한 목사이다.

쌀 은행 전도

 몇 년 전부터 마음속에 우리 교회에서 쌀 은행을 했으면 좋겠다는 생각을 하고 기도를 하고 있었다. 경주 최 부자는 아니지만 목자의 심정으로 최소한 내 주변 이웃이 쌀이 없어서 굶는 사람이 있어서는 안 되겠다고 생각했기 때문이다. 처음엔 교회에서 식사하는 쌀을 제외하고는 쌀이 들어오면 어려운 이웃들에게 나누어 주었다. 조금 미진한 쌀 나눔이었기에 마음 한 구석에 아쉬움이 들던 차에 하나님께서는 우리의 기도를 들어주셨다. 2016년 연말 어느 날 적극적으로 운영할 수 있는 계기를 주셨다.
 연말이라 바쁜 와중인데 어디선가 모르는 전화가 걸려왔다.

"따르릉…"
"여보세요! 김병완 목삽니다."

"김병완 목사님이세요?"

"네! 맞습니다."

"저는 아니고요, 어떤 분이 신원은 밝히지 말아달라고 하시면서 제게 쌀 배달만 부탁하셔서 지금 교회로 가고 있습니다. 어디 가지 마십시오."

교회 위치를 알려주고 한참 있으니 트럭에 쌀을 잔뜩 싣고 도착하는 것이 아닌가! 10kg짜리 쌀 40포대를 가지고 온 것이다. 난 이것이 보통 일이 아니라고 생각했다. 양의 많고 적음이 아니라 하나님의 사인임을 안 것이다. 그 쌀을 받아놓고 묵상기도를 드렸다.

'하나님! 왜 갑자기 쌀을 보내 주셨나요?'

그러자 갑자기 감동이 밀려왔다.

"그동안 쌀 은행을 놓고 기도했잖니? 이제 더 적극적으로 해보거라."

그때부터 우리는 쌀 은행을 적극적으로 운영하고 있다. 물론 재정 형편이 풍족한 대형교회도 아니다. 아직도 건축하고 대출받은 것도 갚아야 한다. 하지만 그것이 크게 느껴지지는 않는다. 어려운 이웃이 쌀이 없어서는 안 되겠다는 마음으로 시작했으니 하나님께서 잘 감당하게 해주실 줄 믿고 감사를 드렸다.

사실 우리는 생 개척한 교회로 물질의 어려움을 정말 많이 겪어 봤다. 그때 어느 교회 집사님들이 마치 까마귀처럼 가끔씩 쌀을 갖다 주면 그렇게 고마울 수가 없었다. 난 그것을 잊을 수 없다. 쌀이 있으면 마음이 왠지 모르게 든든하다. 지금 우리나라에 쌀이 남아돈다고 하지만 실제 쌀이 없어 밥을 못 드시는 어려운 분들도 많이 계신다. 이 땅에서 단 한 번 사는데 먹는 것 때문에 고통당해서는 안 된다고 생각한다.

가끔 이런 말을 한다.

"우리 교회는 먹는 것 때문에 어려움은 없을 겁니다. 수많은 빵을 나누었는데 하나님께서 먹을 것을 주시지 않겠어요?"

맞다. 우리는 해야 할 일이 있다. 그의 나라와 그의 의이다. 하나님 나라 확장하는 일이 우선 될 때 이 모든 것은 더해주신다고 약속해주신 것이다.

"그런즉 너희는 먼저 그의 나라와 그의 의를 구하라. 그리하면 이 모든 것을 너희에게 더하시리라" 마 6:33

하나님은 부족함이 없으신 좋은 분이시다. 쌀 은행은 우리 교회에 주신 또 하나의 좋은 전도의 선물이다.

내 아내는 사모 전도왕

나의 목회인생에 영원한 반려자이자 기도 동역자이고 목회 파트너인 아내이자 사모는 불도저 식으로 전도하고 양육한다. 나는 내성적 성격이지만 사모는 외형적 성격이라 그런지 몰라도 전도를 정말 잘한다. 아내가 직접 쓴 이야기들을 소개함으로 전도하는 데 도움을 드리고자 한다. 그런데 그렇게 되기까지 한 가지 사연이 있다. 지금부터는 아내의 간증이다.

잃어버린 영혼들의 절규

2003년 송구영신 예배가 끝나고 난 늦게 잠이 들었다. 한참 단잠을 자고 있었는데 꿈을 꾸었다. 아파트 베란다에서 소복을 입고 머리를 풀어헤친 7명 정도의 사람들이 발이 밧줄에 묶인 채로 거꾸로 매달려 있었다. 섬뜩했다. 너무도 무서워 문을 박차고 밖으로 도망갔다. 놀랍게도 아파트 복도에도 똑같은 모습의 사람들이 매달려 있었다. 무서움에 놀라 잠을 깨고 말았다. 다시 잠을 자려해도 소름이 끼쳐 잠을 잘 수가 없었다. 하나님께 간절히 기도했다.

'하나님, 이 꿈을 보여주신 뜻이 무엇인가요? 알려주세요.'
신년 첫날 하필 푸른 초장 쉴 만한 물가도 아닌, 빛나는 천국이 아닌, 머리끝이 주뼛주뼛 서는 꿈을 보여주신 이유가 뭘까? 매일 새벽마다 기도하며 하나님께 그 뜻을 여쭈었다. 그러던 금요일 밤, 기도회에서 하나님께서 이런 음성을 들려주셨다. 나는 이런 영적인 음성이나 꿈, 환상 등에 민감한 사람이 아니다. 자주 꿈을 꾸거나 환상을 보거나 음성을 자주 듣는 사람이 아니다. 하지만 그 음성은 매우 뚜렷하게 들렸다.

"아버지의 마음을 가져라."

하나님 아버지께서는 마음 아파하시는 것이 있었다. 그것은 많은 사람들이 관계가 깨어져 미움과 다툼, 시기, 질투의 마음을 품고 우울증에 시달리며 사는 것이다. 하나님께서 절망 중에 자살을 선택하려는 영혼들이 주위에 많이 있음을 환상을 통해 새해 첫날 보여주신 것이다. 이제 의미를 깨닫게 되었다. 밤새 울며 아파하며 영혼 구원을 위해 기도했다.

"하나님, 제가 어떻게 하면 이 일을 할 수 있나요? 저는 부족하고 연약합니다."

그러던 어느 날이었다. 마음의 확신이 밀려왔다. 성령님께 순종하면 된다는 깨달음과 말씀을 주셨다.

"우리 주 예수 그리스도의 하나님, 영광의 아버지께서 지혜와 계시의 영을 너희에게 주사 하나님을 알게 하시고 너희 마음의 눈을 밝히사 그의 부르심의 소망이 무엇이며 성도 안에서 그 기업의 영광의 풍성함이 무엇이며 그의 힘의 위력으로 역사하심을 따라 믿는 우리에게 베푸신 능력의 지극히 크심이 어떠한 것을 너희로 알게 하시기를 구하노라" 엡 1:17-19

그날 이후로 사람만 보면 전도하게 되었다.

"도둑이 오는 것은 도둑질하고 죽이고 멸망시키려는 것뿐이요 내가 온 것은 양으로 생명을 얻게 하고 더 풍성히 얻게 하려는 것이라" 요 10:10

이 말씀을 믿으며 40일 동안 매일 저녁 작정 기도를 하였다. '기도 외에는 이런 유가 나갈 수 없다'라는 말씀을 붙잡았다.

"하나님이 나사렛 예수에게 성령과 능력을 기름 붓듯 하셨으매 그가 두루 다니시며 선한 일을 행하시고 마귀에게 눌린 모든 사람을 고치셨으니 이는 하나님이 함께하셨음이라" 행 10:38

'예수님이 두루 다니며 병든 자를 치료하시고 복음을 전파하사 그 성에 어둠이 떠나갔듯이 하나님 저에게도 성령으로 기름 부어 주셔서 제가 가는 곳마다 어둠이 떠나가고 복음이 확실히 증거되며 기쁨이 충만하게 하옵소서' 이렇게 기도를 하고 아파트 단지를 돌며 매일 전도하기 시작했다. 만나는 사람이 혹시 꿈에 매달렸던 사람이 아닌가 생각될 정도로 그냥 지나칠 수 없었다. 때마침 2003년은 우리 교회가 작게나마 55평 성전을 짓고 전도밖에 없다 생각하고 교회 목표를 '전도에 생명을 건 교회'로 정하고 나아갔을 때였다. 놀랍게도 하나님께서 부흥을 주시기 시작했다.

나는 사정없이 아파트 벨을 눌렀다.

"띵동띵동!"

문이 열리면 이렇게 말했다.
"안녕하세요. 앞에 배방중앙교회에서 왔어요."

그렇게 대화가 되면 들어가서 복음을 전하고 전도했다. 문이 닫혀 있거나 대답을 해도 문을 안 열어주는 가정은 따로 수첩에 적어 뒀다가 다시 방문했다. 전도의 불이 붙은 것이다.

아파트 첫 전도

어느 날이었다. 아파트 전도를 하기 위해 엘리베이터를 타고 맨 위층으로 올라갔다 계단으로 내려오는데 문이 열린 집이 있었다. 문을 열어놓고 아이 엄마가 청소를 하고 있었다. 문이 열려 있다는 것은 사람이 있다는 것이다. 사람이 있다는 것은 전도할 대상자가 있다는 소리다. 너무도 반가웠다. 나도 모르게 열린 문 안으로 고개를 넣고는 이렇게 말했다.

"안녕하세요, 입주를 축하드립니다."
그리고 준비해 간 전도지와 선물을 주었다.
"어디서 이사 오셨어요?"

대화를 이어가려는데 총알 같은 한 마디가 매몰차게 들려온다.

"지금은 바쁜데요."
"아, 그러세요. 잠깐이면 됩니다."

말하는 순간 문은 닫혀버렸다. 동호수를 적어놓고 다음을 기약했다. 지금은 바쁘다는 말에 며칠 뒤에 다시 갔다. 다행히 문이 열려 있었다. 아이가 놀이터에서 놀고 있다가 막 들어오는 길이었나 보다. 오늘은 꼭 복음을 전해야겠다는 마음이 들어 적극적으로 말했다.

"배방중앙교회에서 왔어요. 잠시 들어가도 될까요?"
"들어오세요."

지난번과는 다르게 의외의 답변이 돌아왔다. 아이 엄마에 얼굴에는 수심이 가득했다. 이런저런 이야기를 나누다가 이렇게 말했.
"우리 삶의 주인은 따로 계세요. 예수님이 이 땅에 오신 것은 생명을 주시고 더 풍성한 생명을 주시러 오셨어요. 그 예수님 믿으면 구원받고 이 땅 삶이 풍성해집니다."

가만히 듣고 앉아 있는 것도 신기했는데 이 말을 듣고 갑자기 눈물을 글썽이며 아이 엄마는 화장실에 갔다 왔다. 나는 기회를 놓칠 수 없었다.

"우리 인생들이 기쁨을 잃어버리고 살고 있어요. 빛으로 오신 예수님을 믿어야 풍성해져요."

"수고하고 무거운 짐 진 자들아 다 내게로 오라 내가 너희를 쉬게 하리라" 마 11:28

그리고 복음을 전했다. 여러 가지 이야기를 나누며 아이도 하나님께 맡기면 하나님께서 돌봐주신다고 권면했다. 마음 문을 활짝 열고 영접기도까지 마쳤다.

그렇게 2주가 지났다. 아이 엄마와 통화하니 교회를 나오겠다는 것이다. 주일이 되자 마침내 아이를 데리고 교회 문을 들어서는 것이 보였다. 순간 내 마음속은 감격의 눈물이…….

그날 아이 엄마는 우리 교회에 등록하게 되었다. 열심히 말씀공부도 하고 침례도 받았다. 그분이 바로 정해순 집사님이다. 집사님은 그 뒤 신앙이 성장하고 발전하였다. 전도자와 함께 심방을 갈 사람이 부족할 때에 흔쾌히 자원하는 마음으로 함께하는 일꾼이 되었다. 지금은 전도를 얼마나 잘하는지 전도팀장으로 매일 교회 와서 전도팀을 이끌고 있다. 신앙생활 하면서 남편과 갈등도 많았지만 남편도 한미 전도대회를 통해 극적으로 예수님을 영접하고 후에 집사님이 되셨다. 남편 김호수 집사님도 든든한 교회의 일꾼이 되었다. 지금은 교회 구석구석을 돌보고 고치고 정리하면서 교회를 섬긴다. 전도를 하자 하나님께서 전도할 일꾼을 보내주셨다.

피자가게 사장님

동네에 피자가게가 하나 있었다. 그런데 어느 날 피자집 사장님이 바뀌었다. 예쁘고 착하게 생긴 여사장님이셨다.

'하나님! 이 사장님도 구원받게 해주세요.'

마음속으로 기도를 하고 가게 안으로 들어갔다. 역시나 피자집 안에는 교패나 성구액자가 없었다. 예수를 전혀 믿지 않는 곳임을 한눈에 알아볼 수 있었다. 전도하다 보니 전도자 눈에는 전도 대상자만 보이기 마련이다.

"안녕하세요. 개업을 축하드립니다. 반갑습니다."

좋은 관계를 먼저 맺고 복음을 전해야 되겠다는 생각이 들었다. 전도자에게는 감이 있다.

고구마 전도법에는 고구마가 익었을 때에 찔러본다는 말이 있다. 무턱대고 찌르다가는 고구마만 튕긴다. 전략이 필요했다.

막내아들 바울이가 초등학교 반장을 계속했다. 그래서 학기가 바뀌면 피자 15판씩을 학교에 보냈다. 생일 때도 주문하고, 틈만 나면 피자를 샀다.

"바울아, 너 피자 먹고 싶지 않니?"
"응, 엄마. 어떻게 알았어?"
"친구들도 다 불러라!"

그렇게 시간 나는 대로 가서 복음을 전하기 시작했다. 화창한 가을날 힘들고 지쳐 있는 모습, 무언가 채워지지 않은 외로움의 마음을 볼 수 있었다. 하나님께서 예비해놓으신 영혼임을 알았다.

피자가게 사장님은 비슷한 또래라 이야기를 나누기도 편하고 좋았다. 복음을 전할 때마다 하나님께서 지혜를 주셨다. 성령께서 할 말씀을 주셨다.

"하나님께서 사람을 흙으로 지으셨어요. 그리고 그 코에 생기를 불어 넣으셔서 생령이 된 거예요. 그래서 우리는 영적인 존재랍니다."

하나님께서 영혼이 잘되고 범사가 잘되고 강건해진다고 말씀하셨다고 복음을 전하였다. 영혼이 잘되려면 예수를 믿고 예배와 찬송을 드리며 살아야 한다고 말씀드렸다. 성경말씀들이 내 안에서 줄줄 튀어나왔다.

"여호와의 말씀이니라 내 말이 불같지 아니하냐 바위를 쳐서 부스러뜨리는 방망이 같지 아니하냐"

예레미야 23장 29절 말씀처럼 신기하게 그분이 이 모든 말씀을 경청하고 있었다.

"저도 이상하게 다른 분들 말씀은 귀에 하나도 안 들어왔는데 사모님 이야기는 다 들리는 게 신기했어요."

피자가게 사장님은 기독교와는 전혀 관계없는 삶을 살았다. 주변에 기독교인들이 많이 있고 권면했음에도 관심조차 주지 않았는데 내 전도를 통해 마음을 연 것이다. 사모님 말씀에 막혔던 귀가 뻥

뚫리는 것 같다고 하셨다.

"그럼, 이번 주에 가볼까요?"

속으로 얼마나 기뻤는지 모른다. 그렇게 그 주간 피자가게 사장님은 우리 교회에 나오게 되었다. 가랑비에 옷 젖는다고, 하나님의 말씀을 들으면서 그분의 믿음이 조금씩 조금씩 자라났다. 교회에서 신앙생활을 함으로 인해 용서와 회복을 경험하게 되었다. 성경공부도 하고, 하나님의 살아 계심과 구원의 감격 속에서 살게 되었다.

교회로 놀러 오세요

한 집사님을 통해 자주 교회에 놀러 오는 분이 계셨다. 친화성이 좋은 분이셨다. 오시면 빈대떡도 구워 나눠먹고 커피와 차를 마시며 예수님 자랑을 늘어놓곤 했다. 하지만 이분은 불교신자였다. 한 번도 교회에 예배드리러 간 적이 없는 분인데 교회에는 자주 왔다. 기독교와 불교는 똑같다고 생각하는 분이셨다. 한마디로 평화주의자였다. 이분을 위해 기도했다. 어둠을 쫓아내는 기도를 하고 이사야 53장 5절, 6절 말씀을 전했다.

"그가 찔림은 우리의 허물 때문이요 그가 상함은 우리의 죄악 때문이라 그가 징계를 받으므로 우리는 평화를 누리고 그가 채찍에 맞으므로 우리는 나음을 받았도다 우리는 다 양 같아서 그릇 행하여 각기 제 길로 갔거늘 여호와께서는 우리 모두의 죄악을 그에게 담당시키셨도다"

"하나님께서 자매님의 마음에 노크를 하고 계세요. '내가 문 밖에 서서 두드리노니' 말씀하세요. 영접하는 자 곧 그 이름을 믿는 자들에게는 하나님의 자녀가 되는 권세를 주셨다고 말씀하고 계세요(요 1:12). 누구든지 예수님을 영접하면 구원을 받고, 하나님의 자녀가 되는 특권을 얻습니다. 예레미야 29장 12-13절에는 '너희가 내게 부르짖으며 내게 와서 기도하면 내가 너희들의 기도를 들을 것이요 너희가 온 마음으로 나를 구하면 나를 찾을 것이요 나를 만나리라'라고 말씀하고 계세요."

이렇게 말씀을 전하고 나니 자매님이 갑자기 이렇게 말한다.

"나 같은 사람도 예수님을 믿어도 되나요?"
"그럼요."
"어떻게 해야 돼요?"
"예수님을 영접하면 돼요."

그렇게 예수님을 영접했다.
자매님은 지난날의 이야기를 들려주었다. 엄마가 돌아가시면서 막내딸이라고 염주를 유품으로 남기셨다. 아주 큰 것도 있고 중간 것, 작은 것 등 정말 많이 있었다. 함께 집에 있던 부적과 북어대가리도 모두 가져다가 불태워 버렸다.

그리고 얼마 후 목사님과 함께 첫 심방예배를 함께 드렸다. 이 가정에 하나님의 생명이 임한 것이다. 합심하여 어두움을 몰아내는 기도를 했다. 모든 일이 잘되는 듯했다.

그렇게 잘 되던 어느 날이었다. 자매님이 집에 있는데 병원에서 전화가 왔단다. 남편의 사고소식이었다. 큰 사고가 발생했다는 것이다. 자매님 남편이 출근길에 교통사고가 나서 지금 병원이고 차가 완전히 부서져 폐차시켜야 한다는 것이다. 자매님은 너무 무서워서 그전에 불교를 믿던 식으로 교회 달력 앞에 가서 제발 남편을 살려달라고 기도를 하셨다고 한다. 정말 믿음이 순수한 분이셨다. 기도 후에 급하게 병원을 가보았다. 근데 신기한 일이 벌어졌다. 차는 다 부서졌는데 몸은 거의 다치지 않았던 것이다. 하나님의 은혜가 아닐 수 없다. 이후 그분들은 믿음도 흔들리지 않고 하나님의 살아 계심과 돌보심을 믿고 열심히 교회에 충성 봉사하는 성도가 되었다. 지금은 멀리 이사를 갔지만 다른 교회에서 봉사하며 잘 지내고 있다는 소식을 들었다.

참으로 신기하고 재미있는 것이 전도다. 때로는 어렵고 힘들지만 한 영혼이 천하보다 귀하다고 했으니, 한 영혼을 주님께 인도하는 것이 얼마나 기쁘고 보람 있는 일인지 모른다. 순종하면 그때그때 일하시는 분이 성령님이심을 깨닫게 된다.

요한1서 5장 6절에 이런 말씀이 있다.

"이는 물과 피로 임하신 이시니 곧 예수 그리스도시라 물로만 아니요 물과 피로 임하셨고 증언하는 이는 성령이시니 성령은 진리니라"

'성령은 예수를 증언하신다'라는 말씀이다. 성령께 맡기고 예민하게 성령께 반응해보자. 전도자가 가는 곳에는 권능이 임한다. 그 가정에, 지역에 기쁨이 충만한 것을 느끼게 된다. 전도 현장에는 크고 엄청난 일들이 많이 일어난다. 에베소서 3장 9절에 영원 전부터 하나님께서 예비해놓으신 비밀이 있다. 그 비밀은 바로 예수 그리스도시며 교회를 통해 먼저 믿은 우리를 통해 예수 그리스도가 증거되어야 한다고 말씀하신다.

교회가 복음을 전하지 않는다면 성도가 예수를 전하지 않는다면 우리는 하나님의 목적에서 벗어난 하나님의 뜻을 알지 못하는 사람과 같다. 하나님 아버지는 모든 사람이 구원을 받기를 원하신다 (딤전 2:4). 누군가 전해야 복음을 듣는다. 전하는 자가 있어야 구원을 받는다. 게으름과 나태함, 혹은 무관심으로 인해 누군가 죽어가고 있다면 이보다 안타까운 일이 있을까? 에베소서 5장 15절-16절에 이런 말씀이 있다.

"세월을 아끼라 때가 악하니라"

우리는 너무도 혼탁한 세상을 산다. 사람들이 너무 지쳤고 힘겨워 나 살려달라고 외친다. 우리는 그 소리를 들어야 한다. 그리고 아버지 하나님의 피맺힌 한을 풀어드려야 한다.

어떤 신문에서 이런 글을 읽었다. 세상에서 가장 어리석은 자는 환경을 탓한다고 한다. 농사를 잘 짓는 사람은 비 오는 날에는 모종을 하고 맑은 날에는 비료를 뿌린다고 한다. 그런데 농사를 지을 줄 모르는 사람은 모종하는 날 날씨가 맑다고 불평하고, 비료를 뿌리는 날 비가 온다고 불평한다고 한다. 날씨 때문에 농사 못 짓겠다고 한다. 지혜로운 사람은 모종하는 날 맑으면 모종하지 않고 비가 오는 날까지 기다렸다가 모종하고 비료 뿌리는 날도 비가 오면 다음 날 맑기를 기다렸다가 뿌린다. 상황에 맞게 민첩하게 대처하는 것이다. 지혜로운 농부처럼 생각을 조금 달리하면 환경을 탓하지 않고 하나님의 뜻을 분별하며 그 뜻에 순종하는 삶을 산다면 아름다운 삶이 되지 않을까?

하나님께서 사도바울을 택하여 비밀을 보여주시고 이방인을 위해 택하사 부르셨다는 것을 기억하자. 이제 우리가 그 부르심에 합당하게 행하여 아직도 복음을 듣지 못한 채 죽어가는 영혼을 위해 복음을 전하여야 할 것이다. 오늘도 많은 영혼들이 아픔과 고통 우울증에 시달리며 영적으로 죽어가는 그들을 바라보자. 흑암에 갇혀 죽어가는 저들을 누가 가서 구원케하랴. 그리고 전도자들은 말씀과 기도가 항상 같이 가야 한다. 말씀이 곧 하나님이시다(요 1:1). 말씀이 내 속에 충만할 때 상황에 맞추어 성령이 말하게 하심을 따라 말씀이 선포되어지고 말씀이 그들의 영과 혼과 관절과 골수를 찔러 쪼개는 회개의 역사, 구원의 역사를 이루는 것이다. 전도자들에게는 훈련이 필요하다. 말씀의 훈련, 암송도 해야 하고 기도의 훈련은 참으로 중요하다.

BYC 가게 사장님

전도대상자였던 쌍둥이 엄마를 전도하기 위해 아기 내복을 사러 BYC 가게를 갔다. 그런데 이 가게 역시 성구 액자나 교패가 전혀 없다. 전도하기 위해 선물을 사러 갔다가 전도대상자를 발견한 것이다. 내복을 사고 나서 밝게 인사하고 돌아오면서 기도했다.

'하나님, 저 사람도 찾아 드릴게요. 도와주세요. 입술에 권세를 주셔서 복음이 확실히 증거되게 도와주세요.'

그렇게 기도하며 돌아왔다. 며칠이 지난 후 다시 선물을 사러 가서 전도를 했다.

'성령님, 할 말을 가르쳐주세요.'

하나님께서 신기하게 그 영혼의 심령상태에 맞는 말씀을 주셨다. 수도꼭지에서 물을 틀어놓은 것처럼 말이 술술 흘러나왔다. 떨리기도 했지만 안 떨리는 것처럼 담대하게 성령을 의지하여 당당하게 담대하게 복음을 전하고 있었다.

"정말 우리 가게에 많은 사람들이 왔었어요."
"그래요?"

신천지와 여호와의 증인 등등 이단이 자주 전도하러 왔었단다. 항상 가게 문을 열어놓으니 그들이 와서 전한다는 것이다. 하지만 그 사람들 말에는 귀담아 듣지 않았는데 내가 말하는 그 소리에 귀가 기울여지고 마음 문이 열렸다는 말을 했다.

"사모님이 말씀하시니 교회에 가고 싶어요."

그래서 그 자리에서 영접기도를 함께 했다. 조금 있으니 손님(?)들이 들어왔다. 자주 찾아 왔다는 여호와의 증인이었다. 하마터면 이단에게 귀한 영혼을 빼앗길 뻔했다. 얼마나 아찔했는지 모른다. 그러나 마음 한편으로는 한 영혼을 주님께로 인도했다는 감사가 나왔다. 즉시 교패를 붙이고 돌아왔다.

그 주간 내내 BYC 사장님이 교회에 등록할 수 있게 기도했다. 하나님께서는 준비된 영혼을 보내주셨다. 결국 다음 주에 남편과 함께 교회에 왔다. 할렐루야! 구원이 가정에 임한 것이다.

우리가 예수님의 지상명령, 즉 복음을 전하는 일에 순종할 때 하나님께서는 항상 표적을 보여주신다. 전도하며 하나님께서는 많은 표적을 보여주셨다. 만나는 사람마다 수첩에 적고 새벽마다 기도했다. 성경책도 사주고 말씀공부도 일주일에 한 번씩 만나서 했다.

이제 BYC 가게의 자그마한 방은 성경공부방이요, 사랑방이 되었다. 그날도 성경공부하러 찾아갔는데 낯선 아기 엄마 두 사람이 이야기를 나누고 있었다. 인사를 나누고 아기가 엎드려 있기에 바로 눕히려고 안았다. 그런데 눈이 이상했다. 깜짝 놀랐다.

"아기 엄마, 아기가 경기하는 것 같아요!"

나는 놀라 다급하게 말했다.

"아니에요. 괜찮아요. 태어날 때부터 시각 장애를 갖고 태어나서 그래요."

한쪽 눈은 신경세포가 죽었고 한쪽 눈은 각막 이식을 받아야만 볼 수 있다고 했다. 참으로 마음이 아팠다. 수술도 기증자가 있어야 한다고 했다. 그런데 기약이 없는 수술이라고 했다. 대기자가 너무 많아서 평생 기증을 못 받을 수도 있다고 했다. 나는 그 자리에서 기도하자고 하며 무릎을 꿇고 간절히 눈물로 기도했다.

"하나님, 죽은 신경 세포가 살아나게 해주시고 한쪽 수술도 빨리 해서 잘 볼 수 있도록 도와주세요."

그 영혼을 위해 기도했다. 아기 엄마는 젊을 때는 신앙생활을 했는데 믿지 않는 남편을 만나 결혼해 수없이 많은 핍박을 받은 이야기를 했다. 아이 생각만 해도 가슴이 아픈데 믿지 않는 가정과 결혼해서 받은 고난은 말로 다 할 수 없을 지경이었다고 했다.

그리고 아기와 아기 엄마를 위해 일주일 동안 눈물로 매일 기도했다. 그렇게 한주간이 지났는데 그 BYC 성도로부터 연락이 왔다.

"사모님, 아기가 수술을 하게 되었어요. 더 놀라운 것은 죽었던 한쪽 눈의 신경도 살아났다고 의사가 말했어요! 사모님, 기적이 일어났어요! 하나님께서 치료하셨어요!"

정말 놀라운 일이 아닐 수 없다. 믿음이 없는 사람들은 우연이라고 치부할 수도 있다. 하지만 이것은 절대 우연이 아니다. 하나님의 절대적이고 주권적인 치유의 역사였다. 전도자에게 하나님께서는 이렇게 초자연적인 역사로 전도자에게 새 힘을 주신다.

삼정 그린코아 입주 전도

교회 주변으로 대규모 아파트 단지들이 입주하기 시작했다. 삼정 그린코아 아파트 입주가 마침내 시작된 것이다. 하나님이 주신 기회를 놓칠 수 없었다.

누가복음 24장 48절에 "너희는 이 모든 일의 증인이라"고 말씀하셨다. 증인은 택함을 받은 자요 체험이 있는 자요 간증이 있는 자다. 하나님의 자녀를 통해 교회를 통해 복음의 증인이 되기를 원하신다. 하나님께서는 은혜를 주시고 축복하시며 능력을 주신다. 요한복음 6장 63절에 "살리는 것은 영이니 육은 무익하니라 내가 너희에게 이른 말은 영이요 생명이다"라고 말씀하신다. 이 말씀을 마음 판에 새기고 결단하며 그들을 위해 기도했다.

'2011년 1월 26일 수요일 오전 10시!'

본격적 전도에 들어간 날이다. 목사님과 장로님, 안수집사님께서 그곳에 전도 텐트를 쳐주셨다. 교회 현수막도 붙이고 토스트 전도가 시작되었다. 노릇노릇 토스트가 구워질 철판을 옮기고 권사님과 집사님들이 발 벗고 나서 토스트를 굽기 시작했다. 전도팀은 2인 1조가 되어 이사 온 가정마다 갓 구운 토스트와 따뜻한 커피를 대접했다. 구수한 토스트 향기와 커피향기로 노크를 하자 사람들은 마음 문을 쉽게 열었다. 어디서 이사를 왔는지, 예수는 믿고 있는지 아닌지, 예수를 믿는다고 행여 쉬고 있지는 않는지 쉽게 파악이 되었다. 동호수를 기록하고 신앙상태를 기록했다. 전도가 필요한 가정은 다시 찾아갔다. 이런 많은 가정들 중에 하나둘 전도되기 시작했다.

남편은 잘 믿었는데 결혼하고 나서 아내가 믿지 않아서 신앙생활을 못하고 있는 젊은 신혼부부 가정이 있었다. 우리 교회를 통해 아내가 전도되었고 신앙생활을 다시 시작하셨다. 삼정 그린코아 첫 전도의 열매였다.

결혼 후 신앙생활을 쉬고 있는 아기 엄마가 있었다. 친정엄마는 매우 믿음이 좋으셨다. 이삿날 함께 오셨길래 토스트와 커피를 드렸더니 반갑게 맞이해주셨다.

"사모님, 우리 딸 좀 잘 부탁드려요. 함께 기도 좀 해주세요."

기도부탁을 하신 터라 간절히 기도해드리고 나왔다. 그날을 계기로 아기 엄마는 신앙생활을 잘하게 되었다.

전도하러 나가면 다양한 상황에 처한 영혼들을 만난다. 생 초신자도 있고, 믿음생활을 쉬는 사람도 의외로 많이 만난다. 변하지 않는 전도구호가 있다.

'전도! 나가면 있고, 안 나가면 없다.'

삼정 그린코아 아파트에 입주한 우리 교회 집사님이 있었다. 그 가정이 선교센터(?)가 되었다. 전도한 가정들이 집사님 집을 중심으로 구역(목장)을 만들었다. 구역예배를 드리기 시작하면서 구역(목장)이 늘어나게 되었다. 배방교회 성도들도 늘어나기 시작했다. 이렇게 열매가 주렁주렁 열리자 전도기 참 재미가 있었다.

한번은 이렇게 열심히 전도할 때에 목사님께서 막내아들 바울이를 잃어버린 꿈을 꿨다.

"여보, 꿈에 우리 막내를 잃어버렸다가 찾았어요."
"어머, 무슨 그런 꿈을 다 꾸셨어요?"
"바울이가 울며 그럽디다, 아빠! 왜 이렇게 늦게 찾았어요!
얼마나 애가 타면 그렇게 말했겠어요. 빨리 오지 왜 이렇게 왔냐며 막 울면서 바라보는데 가슴이 찡했어요."

하나님께서 잃어버린 영혼들의 모습을 목사님의 꿈을 통해 보여 주신 것이다. 더욱 분발하여 전도하는 데 힘을 썼다.

추운 겨울인데도 날마다 전도하기 위해 나갔다. 어느 날도 여느 때처럼 하루 종일 집사님들과 전도하며 돌아다니다가 집에 왔는데 발이 좀 통증이 있고 부어 있었다. 양말을 벗어보니 발가락과 발바닥이 검붉게 보였다. 순간 직감으로 동상이 걸려 있었음을 알았다. 난 약간의 치료 후에 아랑곳하지 않고 다음 날 해가 밝으면 다시 그 발을 이끌고 다시 전도 현장으로 나갔다. 그러자 구수한 냄새가 쳐놓은 텐트 밖으로 새어 나왔다. 뭘까? 순간 궁금해졌다.

"사모님, 오셨어요? 오늘 철판에 삼겹살 구워서 볶음밥 먹으려고요."
"그래요? 맛있겠다!"

모두들 전도를 나온 게 아니라 소풍 온 것 같다며 어린아이처럼 좋아했다. 아마도 그때 먹었던 철판볶음밥이 가장 맛있던 밥이 아닌가 싶다. 서로 위로하며 즐겁게 전도를 시작했다.

우리 성도들의 사랑과 헌신, 그리고 섬김은 하늘에서 해같이 별

같이 빛날 것이다. 그때 하나님의 말씀에 순종하였기에 오늘의 풍성한 열매를 거두게 되었다. 목사님의 영혼 사랑의 열정이 매주 강단에서 선포되었다. 주보에도 '전도에 생명을 건 교회'란 표어를 써넣어 그해 정말 많은 가정이 우리 교회에 등록하고 정착할 수 있었다. 앞으로도 열정이 식어지지 않고 계속해서 전도할 것이다.

주님을 만나는 그날에 주님께서 말씀하신다.

"잘했다, 착하고 충성된 종아!"

이렇게 칭찬해주실 것을 우리 모두는 바라고 있다. 하나님께 모든 영광을 돌린다.

한 가지만 덧붙이고 싶다. 배방중앙교회는 본래 산비탈 볼품없는 밭에 불과했다. 갈렙이 '이 산지를 내게 주소서'라고 믿고 고백한 것처럼 하나님께서는 이 배방의 중심 산지를 우리에게 주셨다. 하나님은 참으로 멋쟁이시다. 우리의 작은 순종을 보시고 크게 역사하신다.

배방 땅은 젖과 꿀이 흐르는 땅

우리 교회 남혜경 권사님의 간증을 좀 하고자 한다. 남 권사님은 예수님 믿기 전에는 독실한 불교신자였다. 정말 절에 열심히 다니며 불자생활을 하시던 분이다. 하지만 하는 일마다 성공하지 못했다. 솜씨도 좋고 성실하시며, 인품도 좋은데도 늘 일이 풀리지 않았다. 그러던 차에 딸네 집으로 와서 사시게 되었다.

"엄마, 이제 그만 고생하고 우리 집에 와서 우리 아들 다니엘 좀 봐줘."

그렇게 배방으로 이사 오게 되었다. 딸과 사위는 믿음이 좋았다. 먼저 예수를 믿고 엄마를 전도하였다.

그런데 이 어머니는 원래 사업을 하시던 분이었다. 손자만 보고 있자니 심심하고, 용돈 타서 쓰자니 미안하고 해서 가게를 해보려고 했다가 덜컥 계약금만 날렸다. 혼자 끙끙 앓다가 다시 우리 교회 바로 근처 자그마한 상가를 빌려 반찬가게를 시작하게 되었다. 권사님은 가게 바로 앞에 있는 배방중앙교회에 마음이 끌렸고 등록하게 되었다. 그리고 새벽마다 하나님께 예배드리고 일을 시작하신다. 이 가게를 얻기 전에 남 권사님은 이렇게 기도했다고 한다.

"하나님, 사업장 하나 주세요."

이렇게 초신자가 간절히 기도했다고 한다. 하나님께서는 의외로 초신자들의 기도는 바로 바로 응답해주시는 것을 많이 보았다. 순수한 기도라 그런 것 같다.

그런데 교회 근처에 있는 남 권사님이 계약한 상가는 문 여는 족족 오래 못 가 다 문을 닫고 마는 속칭 '안 되는' 가게였다. 큰 도로와는 한 블록 들어온 외진 곳인 데다가 주변도 사람이 모일 만한 상가나 시설이 전혀 없었다.

그래서 처음 시작할 때 내심 걱정 반 기대 반으로 반찬가게 사업을 시작하셨다.

'우리 아이 반찬'

가게이름을 정하고 목사님을 모시고 개업예배를 드리고 사업을 시작했다. 남 권사님은 초신자인데도 새벽마다 나와 기도를 드렸다.

축복받은 교회는 달라도 한참 다르다. 성도들이 손대는 것마다 복이 되고 잘되는 역사가 일어났다. 권사님 가게도 대박이 났다. 주님이 기뻐하시는 가게를 하니 하나님께서 축복해주셨다. 남 권사님은 초신자임에도 불구하고 십일조와 첫열매도 구별하여 드리기 시작하셨다. 새벽마다 성전에 나와 기도하고 출근하는 일이 일상이 되었다. 손맛도 일품인지라 만든 반찬은 입소문을 타기 시작했다. 새벽에 만든 진열장을 가득 채운 반찬은 저녁이 오기 전에 싹 동이 나버렸다.

헌금도 얼마나 잘하는지 모른다.

"저는 현장에서 전도는 못 하지만 전도헌금, 구제헌금을 따로 구별하여 하나님께 드리고 싶어요."

또 하나 놀라운 축복이 이 가정에 이어졌다. 노총각이었던 아들을 위해 매일 좋은 처자를 만나 좋은 가정을 이루도록 기도했는데 하나님께서 정말 응답하셨다. 귀한 믿음의 며느리를 얻게 하시고, 곧바로 태의 문을 열으셔서 친손자를 안게 하셨다. 같이 살던 따님에게도 둘째를 주셔서 자녀의 복도 주셨다. 남 권사님은 예수 믿고 자신은 큰 축복을 받았다고 한다.

"사모님! 저 예수 믿는 것이 얼마나 좋은지 춤을 덩실덩실 추고 싶어요."

영혼의 복, 물질의 복, 자녀의 복, 건강의 복까지 주셔서 말라기 3장 10절의 "쌓을 곳이 없도록 붓지 아니하나 보라"는 말씀이 그대로 임하였다. 사업이 어찌나 잘되는지 집도 사고, 가게도 통째로 사고, 중소기업 수준의 회사로 성장했다. 지금은 회사 직원들이 하나의 구역(목장)이 되어 사업장예배를 드리기에 이르렀다.

"목사님, 사모님 제가 배방중앙교회 성도님들과 목사님 사모님을 만나 엄청난 축복을 많이 받았는데 이제는 이런 축복을 받았다고 하나님께 영광을 돌리고 예수 믿으라고 하고 싶어요. 이젠 예수님을 자랑하고 싶어요. 이렇게 기도했는데 하나님께서 직원들을 전도해서 한 구역(목장)을 만들어 구역장을 하게 하셨네요. 너무 감사해요!"

남 권사님이 식사당번을 하시는 날이면 우리 교회는 뷔페식당하는 날이다. 얼마나 맛나는 음식을 준비하시는지 모른다.

남 권사님은 매월 첫날 목사님을 모시고 사업장예배를 드리고 한 달을 시작하고 있다. 남 권사님은 사위가 '배방 땅과 배방중앙교회는 장모님께 젖과 꿀이 흐르는 가나안 땅이에요'라고 입버릇처럼 말한다고 좋아한다.

영혼이 잘되면 범사가 잘되고 강건한 복을 넘치도록 받는다. 영혼을 사랑하는 행복한 교회가 되기 위해서 배방중앙교회가 최선을 다하고 있다. 성도들은 행복한 교회라고 즐거워한다. 담임목사님은 예수님의 성품을 닮아 성도들도 다 순종과 사랑으로 매일매일 잔치하듯 생활하고 있다. 성도들이 행복하면 주의 종들도 행복하고 하나님은 더 행복해하시고 기뻐하신다.

하나님의 형상대로 지음받은 우리는 생육, 번성, 충만, 정복, 다스림의 복을 하나님께로부터 받았다(창 1:28). 하나님을 따라 의와 진리의 거룩함으로 지으심을 받은 새 사람을 입고 나아가기를 소원한다(엡 4:24). 모든 영광을 하나님께 돌린다.

Step 4

전도에 관한 모든 것

사실 전도를 해야 할 이유는 수없이 많다. 여기서는 성경적 근거를 중심으로 이야기해보고자 한다. 왜냐하면 가장 강력한 말씀인 성경이 우리에게 하시는 말씀들이 명확한 이유가 되기 때문이다.

4

전도란 무엇인가?

　교회가 전도의 체질로 바뀌기까지는 많은 노력과 훈련이 필요하다. 전도는 하루아침에 이루어지지 않는다. 그러기 위해서는 수많은 인내와 분명한 믿음이 있어야 한다. 하나님은 전도에 올인한 분이다. 하늘과 땅의 모든 권세로 전도하는 데 투자하신다. 하나님은 농작의 법칙을 우리에게 주셨다. 심는 대로 거두게 되는 것이다. 전도하면 영혼의 열매를 맺게 되어 있다. 그래서 제일 중요한 요소는 목회자의 영혼구령의 열정이다. 성도들은 절대로 목회자보다 앞서 갈 수 없다. 목회자가 관심 없는데 성도가 자발적으로 하기란 쉬운 일이 아니다.

… 하나님 사랑, 이웃 사랑의 실천이다

사모의 간증이 은혜가 되었는지 모르겠다. 이렇듯 전도하면 행복해지는 원리를 하나님의 구원사역의 출발점인 사랑에서 찾을 수 있다.

> "하나님이 세상을 이처럼 사랑하사 독생자를 주셨으니 이는 그를 믿는 자마다 멸망하지 않고 영생을 얻게 하려 하심이라" 요 3:16

성부, 성자, 성령은 사랑이시다. 영혼을 구원하려고 사랑으로 오셔서 우리에게 그 사랑을 주신 것이다. 얼마나 감동적인가!

사실 나는 나를 너무나도 잘 안다. 내 안에 선한 것이 하나도 없다. 원래 하나님을 찾지도 않을 존재였다.

> "기록된 바 의인은 없나니 하나도 없으며 깨닫는 자도 없고 하나님을 찾는 자도 없고 다 치우쳐 함께 무익하게 되고 선을 행하는 자는 없나니 하나도 없도다" 롬 3:10-12

이런 나를 사랑하셔서 찾아오셨고 구원해주셨으니 얼마나 감사한가 말이다. 사랑을 받아 본 사람이 사랑을 할 줄도 안다고 한다. 내가 죄인인 것을 알고, 죄 용서받고 하나님의 자녀가 된 것을 믿는 사람은 그 사랑 안에 살게 되어있다. 이것이 전도와 연결되어 있는 것이다. 전도가 무슨 강압적이고 남을 괴롭히려고 하는 것이 아니다. 사랑이 없이는 할 수 없는 것이 전도다. 내가 살면 절대로 전도를 할 수 없다. 내가 죽고 그리스도가 살아야 전도가 된다.

사실 전도하다 보면 별별 사람을 다 만난다. 알코올 중독자, 상처받은 영혼, 병든 환자, 우상숭배자, 이단에 빠진 자 등등…….

그때 내가 죽고 주님의 사랑으로 나아갈 때 그분들이 돌아올 수 있다. 때로는 양보해야 되고 때로는 섬겨야 한다. 그래서 제일이 사랑이라고 했다.

> "그런즉 믿음, 소망, 사랑, 이 세 가지는 항상 있을 것인데 그 중의 제일은 사랑이라" 고전 13:13

> "이에 예수께서 이르시되 아버지 저들을 사하여 주옵소서 자기들이 하는 것을 알지 못함이니이다" 눅 23:34

예수님의 십자가의 사랑은 인류구원의 근원이 된 것이다. 스데반 집사도 전도하고 순교당하면서도 그들을 용서한다.

"무릎을 꿇고 크게 불러 이르되 주여 이 죄를 그들에게 돌리지 마옵소서 이 말을 하고 자니라" 행 7:60

스데반의 십자가의 사랑은 결국 사도바울이 하나님께 돌아오는 밑거름이 되었다. 이런 마음을 품은 전도자들은 쉽게 상처받지도 않는다. 십자가의 사랑을 받은 자들이기 때문이다. 그냥 먼지 털듯이 털어버린다.

우리 교회 어느 집사님이 계신다. 언니는 아직 교회를 안 나오고 본인만 나와서 열심히 신앙생활을 했다. 근데 교회 다니는 동생을 보니 언니가 왠지 모르게 그렇게 동생이 미울 수가 없었단다. 당연히 의가 상할 만큼 핍박을 했고 교회를 욕했다.

"너 자꾸 교회 나가면 네 얼굴도 안 볼 거야."

단단히 화가 난 마음속에는 미움이 가득했다. 하지만 어느 날 갑자기 마음속에 성령이 역사하셨다.

'아! 저렇게 동생이 열심인 걸 보면 혹 하나님이 살아 계실 수도 있겠다.'

그래서 동생에게 이렇게 말했다.

"얘! 나도 교회 나가면 안 될까?"
"? …정말이야?"

그렇게 자기를 핍박하던 언니 입에서 나온 소리에 속으로 깜짝 놀라기도 하고 한편으로 너무나 기쁜 마음이 들었다.

"되다마다, 언니야! 이번 주일날 나랑 같이 교회에 가자."

그 뒤 언니와 함께 우리 교회에서 믿음생활을 잘하고 있다. 뿐만 아니라 온 가족 구원도 이루어졌다. 감사한 일이 아닐 수 없다. 사랑은 핍박도 이겨낸다.

사실 전도는 많은 인내가 필요하다. 열매는 달지만 인내는 쓰다. 그 시간이 절대적으로 필요하다. 예수님께서도 마지막 제자들을 점검하신 질문이 이것이다.

"예수께서 시몬 베드로에게 이르시되 요한의 아들 시몬아 네가 이 사람들보다 나를 더 사랑하느냐 하시니 이르되 주님 그러하나이다 내가 주님을 사랑하는 줄 주님께서 아시나이

다 이르시되 내 어린 양을 먹이라 하시고" 요 21:15

이러기를 무려 세 번씩이나 물어 보신다. 그리고 "내 양을 먹이라" 즉 비로소 양을 맡긴다고 하신다. 그리고 베드로의 미래를 의미심장하게 말씀하신다.

"내가 진실로 진실로 네게 이르노니 네가 젊어서는 스스로 띠 띠고 원하는 곳으로 다녔거니와 늙어서는 네 팔을 벌리리니 남이 네게 띠 띠우고 원하지 아니하는 곳으로 데려가리라" 요 21:18

전도는 죽어야 열매 맺는다고 해도 과언이 아니다. 그러니 힘든 것은 당연한 것이 아닌가!

물론 너무 염려할 것은 없다. 주님이 염려하지 말라 하셨다. 짐도 가볍다고 하시지 않았는가!

사실 전도자의 냉장고는 남아날 날이 없다. 무엇이든지 생기면 갑자기 누군가 생각나서 즉시로 가지고 달려 나간다. 김치 담그면 김치를, 부침개를 하면 부침개를, 밑반찬을 하면 밑반찬을 가지고 간다. 아낌없이 주지만 전혀 아깝지 않다. 친정 엄마가 딸에게 바리바리 싸주면서도 더 줄 것은 없나 아쉬워하며 살피는 마음과 같다.

전도자들은 사랑의 전령사들이다. 십자가의 전사들이다.
전도는 사랑이다.
진정한 사랑은 마음과 시간과 물질을 주는 것이다.

전도자에게 있어야 할 것 3가지

… 구령 열정

먼저 영혼을 구원하는 전도에 관심을 가지고 계속하여 전진해야 한다. 나는 주일 낮 예배에 전도설교를 많이 한다. 처음엔 아내가 전도설교를 너무 많이 한다고 말을 하기도 했다. 실제로 성도들도 부담스러워하는 것을 모르는 바 아니다. 하지만 시간이 지나면서 오히려 성도들 마음속에 믿음이 들어가 자라고 있음을 알고 속으로 기뻤다. 역시 하나님의 말씀은 능력이 있었다.

"그러므로 믿음은 들음에서 나며 들음은 그리스도의 말씀으로 말미암았느니라" 롬 10:17

하나님의 말씀을 목회자가 준비하고 믿음으로 선포하니 듣는 성도들이 전도에 대한 믿음이 생기게 되었다.

  물론 목사인 나와 아내도 전도에 목숨 걸고 정말 열심히 하는 것은 물론이다. 처음에는 힘들었지만 '아! 전도밖에 없구나!'란 마음으로 복음을 전했다. 하나님은 그런 우리를 보시고 사람을 보내주셨다. 그러니 더욱 힘을 내어 전도하지 않을 수 있겠는가!

  이렇게 전도의 동역자들이 하나둘 함께 생기니 마침내 열매가 주렁주렁 매달리게 되었다. 소극적이었던 성도들도 '아! 전도는 되는구나'라는 생각으로 바뀌게 되었다. 온 교인들이 함께 전도하기 시작한 것이다.

  어느 순간 새신자들이 자꾸 교회로 오니까 교회 내에도 활력이 생겼다. 텅 비었던 자리가 조금씩 줄어들면서 처음 55평 작은 예배낭이 사람들로 가득 찼다. 자리가 점차 비좁아지며 앉을 곳이 모자랄 지경이 되었다. 그래서 자연스럽게 다시 교회를 증축하게 되었던 것이다.

  전도는 목회자의 의지이다. 나는 말씀이 있으면 그대로 붙잡고 앞으로 나간다. 난 이렇게 외치고 싶다.

"성경에서 전도보다 확실한 말씀이 어디 있습니까?"

  우리 성도들은 복음에 빚진 자이다. 하나님의 큰 사랑을 받은 자이다. 이 사랑의 빚을 갚는 방법이 바로 전도이다. 사실 난 전도설교를 들어주는 성도들이 너무나도 고맙다.

어느 날 한 권사님이 이런 고백을 하신다.

"목사님! 전도설교를 들으면 '교회만 부흥시키시려고 저러시나' 하고 마음이 불편하고 괜한 죄책감이 들어 괴로웠습니다. 그런데 지금은 너무나도 당연한 말씀에 거부감도 없고 오히려 도전이 되네요."

난 영혼을 생각하면 마음이 불타오른다. 그런 나를 어여삐 보셨는지 요즘같이 부흥 안 된다는 때에 날마다 부흥되어 새신자들이 들어온다. 어떤 목사님이 그러신다.

"목사님! 목회자가 교회가 부흥되면 목회보다 더 신나는 일이 없고, 교회가 부흥되지 않으면 목회보다 어려운 것이 없다고 하네요."

정말 공감이 된다. 교회가 정체되고 후퇴하면 참 어려운 시간을 보낸다. 그러니 교회는 부흥되어야 한다. 왜냐하면 하나님은 영혼이 구원되기를 원하시기 때문이다.

지금 우리 배방중앙교회 주위에는 불신자들이 80%이다. 아직도 전도할 대상이 너무 많은 것이다. 일할 수 있는 시간도 많지는 않다. 더 나아가 이 나라도 큰 아픔을 갖고 산다고 볼 수 있다. 생명을 살리지 못했다는 아픔이다. 성도들은 믿음의 사람들이다. 영혼을 살리는 복음전도의 사명이 주어졌다. 1973년 빌리 그래함 대전도집회 때 목사님께서 하신 말씀이 떠오른다.

"한국교회 성도 여러분! 한 영혼이 천하보다 귀합니다."

목회자가 먼저 영혼을 사랑해야 한다. 교회가 구령열정에 불타야 하는 것이다.

나는 어느 모임에 가든지 전도에 대해 말한다. 외부설교도 전도에 초점을 맞추어 준비한다. 그때 도전받아 전도를 시작한 분들이 많다. 감사한 일이다. C국의 이기도 선교사님 선교 보고차 오셨을 때 나에게 말씀하신 것이 생각난다.

"목사님! 전 김 목사님이 부럽습니다."
"아니, 선교사님. 뭐가 부러우십니까?"
"사실 저도 전도하고 싶어서 선교지에 갔는데 전도를 할 수가 없어요. 만약 전도하면 기관에서 나와 잡아가고 끌려가 큰 곤욕도 치러야 합니다. 맘껏 전도할 수가 없어요. 우리나라는 전도하기에 얼마나 좋은가요? 심지어 거리에서도 전도할 수 있고 너무 자유스럽

잖아요. 그런데 언젠가는 전도하고 싶어도 못 할 때가 올지도 모르겠습니다. 지금은 전도할 수 있잖습니까? 힘써서 지옥 갈 영혼을 건져내어 천국으로 인도해내야 되지 않겠습니까?"

그날 난 선교사님의 뜨거운 열정에 감동을 받았다.

'이 땅의 삶이 뭘 그리 대단한 것일까?'
시편 기자는 이렇게 고백한다.

"우리의 연수가 칠십이요 강건하면 팔십이라도 그 연수의 자랑은 수고와 슬픔뿐이요 신속히 가니 우리가 날아가나이다"

시 90:10

이 세상에 최고의 가치는 영혼을 살리는 것이다. 교회가 해야 할 일이다. 사실 내가 은퇴하더라도 난 전도하는 일에 시간을 보낼 것이다. 주님이 부르시는 그날까지 복음을 전하는 행복한 전도자로 살다가 주님 앞에 가고 싶다.

… 성령의 불

우리 교회는 일 년에 한 번 이상 사도행전 강해설교를 하는 전통이 있다. 사도행전은 성령 행전이라고는 하지만 나는 개인적으로 전도행전이라고 부르고 싶다. 사도행전 1장 8절에는 십자가와 부활의 복음을 제자들이 받았고, 증인 되라는 명령도 받았다. 그때 제자들은 예루살렘을 떠나지 않고 120명의 성도가 마가의 다락방에서 아버지의 약속하신 성령을 사모하며 기도했다는 놀라운 사건이 나온다.

"들어가 그들이 유하는 다락방으로 올라가니 베드로, 요한, 야고보, 안드레와 빌립, 도마와 바돌로매, 마태와 및 알패오의 아들 야고보, 셀롯인 시몬, 야고보의 아들 유다가 다 거기 있어 여자들과 예수의 어머니 마리아와 예수의 아우들과 더불어 마음을 같이하여 오로지 기도에 힘쓰더라 모인 무리의 수가 약 백이십 명이나 되더라 그때에 베드로가 그 형제들 가운데 일어서서 이르되" 행 1:13-15

그들의 기도가 마침내 응답되었다.

"오순절 날이 이미 이르매 그들이 다 같이 한 곳에 모였더니 홀연히 하늘로부터 급하고 강한 바람 같은 소리가 있어 그들이 앉은 온 집에 가득하며 마치 불의 혀처럼 갈라지는 것들이 그들에게 보여 각 사람 위에 하나씩 임하여 있더니 그들이 다 성령의 충만함을 받고 성령이 말하게 하심을 따라 다른 언어들로 말하기를 시작하니라" 행 2:1-4

이날은 교회의 탄생을 알리는 위대한 외침의 시간이다. 성령께서 강한 바람처럼, 불처럼 충만히 임하여 방언을 하기 시작했다. 이 위대한 사건 이후 제자들은 일제히 복음을 전하기 시작했다. 그들 마음속에 성령이 충만하여 불같이 복음이 타오른 것이다.

이제 기적이 일어났다. 먼저 베드로의 전도였다. 베드로의 전도로 예루살렘이 복음화 되었다. 얼마나 성령의 권능이 대단하던지 예수 이름으로 선포하니 40년 동안 한 번도 서보지 못한 사람이 일어나 걷기도 뛰기도 하며 하나님을 찬양하는 놀라운 역사가 일어났다.

"베드로가 이르되 은과 금은 내게 없거니와 내게 있는 이것을 네게 주노니 나사렛 예수 그리스도의 이름으로 일어나 걸으라 하고 오른손을 잡아 일으키니 발과 발목이 곧 힘을 얻고 뛰어 서서 걸으며 그들과 함께 성전으로 들어가면서 걷기

도 하고 뛰기도 하며 하나님을 찬송하니" 행 3:6-8

병든 자가 치료되었고 복음은 불처럼 타올랐다. 예루살렘 교회는 폭발적으로 부흥한다.

"빌립이 사마리아 성에 내려가 그리스도를 백성에게 전파하니 무리가 빌립의 말도 듣고 행하는 표적도 보고 한마음으로 그가 하는 말을 따르더라 많은 사람에게 붙었던 더러운 귀신들이 크게 소리를 지르며 나가고 또 많은 중풍병자와 못 걷는 사람이 나으니 그 성에 큰 기쁨이 있더라" 행 8:5-8

사도행전 9장에서는 예수님께서 사울에게 찾아오시고 구원하셔서 이방인의 사도로 부르시는 중요한 사건도 생긴다.

"주께서 이르시되 가라 이 사람은 내 이름을 이방인과 임금들과 이스라엘 자손들에게 전하기 위하여 택한 나의 그릇이라 그가 내 이름을 위하여 얼마나 고난을 받아야 할 것을 내가 그에게 보이리라 하시니" 행 9:15-16

바로 이방인들의 구원을 위해 사도바울을 택하신 것이다. 그를 통해 1, 2, 3차 전도여행을 통해 유럽이 복음화되고 아시아가 복음화되었다. 2천여 년이 지난 지금은 우리에게 맡기셔서 계속 진행되고 있는 것이다. 바로 우리 교회 같은 데서 사도행전 29장을 써내려가고 있는 것이다. 그래서 우리 교회의 기도제목이 배방 땅 영혼, 십 분의 일을 감당하게 해달라는 것이다. 물론 날마다 기도하고 전도하고 있다.

아직도 복음을 듣지 못한 사람들이 주위에 참 많다. 하나님의 역사의 시간표는 당연히 복음전파에 짜여 있다. 하나님께서 모든 사람이 구원받기를 원하시기 때문이다. 예수님이 다시 오실 때는 복음이 땅 끝까지 전해질 때이다.

"이 천국 복음이 모든 민족에게 증언되기 위하여 온 세상에 전파되리니 그제야 끝이 오리라" 마 24:14

오늘 우리가 힘써야 되는 것이 바로 복음전파이다. 그러기 위해서는 사도행전을 보면 알 수 있듯이 성령의 불이 교회마다 불타올라야 한다. 전도하는 사람은 분명 불이 있다. '전도' 소리만 나면 뜨거워지고 성령의 불이 나온다. 뜨겁게 복음을 전하게 된다. 사도행전 강해설교를 통해 목회자도 불을 받고 성도들도 불을 받아 구령의 열정이 일어나게 된다. 전도자의 가슴엔 뜨거운 불이 있다.

··· 포기하지 말고 끝까지 하는 것

　박상철 목사님의 〈전도에는 방학이 없다〉라는 책이 꽤 유명하다. 그 책에서처럼 전도에 방학이 있다면 위험성이 커진다. 처음에 전도를 배울 때 비가 오나 눈이 오나 춥거나 덥거나 하더라도 꼭 나가야 승리한다고 배웠다. 전도 체질이 되려면 포기하지 말고 지속하는 것이 능력이다.

　전도는 영적전쟁이며 육신과의 전쟁이다. 우리 사모는 전도를 너무 열심히 한다. 어느 겨울에는 발에 동상이 걸릴 지경이 되기도 했다. 그런데 그렇게 나가니까 말에 권세가 있고 하나님의 능력으로 붙잡아주신다. 하나둘 열매가 맺어진다. 그럴 때면 지치다가도 다시 힘을 얻고 전도의 발걸음을 옮긴다. 사도바울이 전도할 때 얼마나 많은 고난이 있었겠는가. 그럼에도 바울은 또 일어나서 복음을 전했다.

　'만약에 바울이 복음 전하는 열정이 없었다면 어떻게 되었을까?'

　생각만 해도 아찔하다. 아마 전 세계의 복음화는 대단히 늦게 이루어졌을 것이고, 우리는 복음을 듣지 못한 채 멸망했을지도 모른다.

　우리 교회가 6년 전에 토스트 전도를 할 때는 거리에서 텐트를 치고 했었다. 추운 겨울에 눈보라가 칠 때면 텐트 안까지 눈이 들어오기도 했다. 여름이 되면 토스트 기계의 열 때문에 땀이 비 오듯 줄줄 흐른다. 그런 날에도 거르지 않았다. 쉬지 않고 포기하지 않았다. 지금은 교회에서 600개의 토스트를 능숙하게 굽게 되었다. 자꾸 하다 보니 실력도 늘었고 전도도 담대하게 하게 되었다.

"솔직히 교회들 치고 전도 안 해본 교회가 어디 있겠어요? 하다가 쉬니까 다시 하기가 힘든 것뿐이죠."

쉬면 안 된다. 초대교회는 전도하는 것을 쉬지 않고 했다.

"그들이 날마다 성전에 있든지 집에 있든지 예수는 그리스도라고 가르치기와 전도하기를 그치지 아니하니라" 행 5:42

날마다 할 수 있다는 것이 능력이다. 육신과의 싸움에서 이겨야 하고, 환경과의 싸움에서 이겨야 한다. 물질과의 싸움에서 이겨야 하고, 건강과의 싸움에서 이겨야 한다. 결국은 영적싸움이다.
또 전도는 영적 예민함이 있어야 한다. 무르익었을 때를 판단하여 거두어들여야 한다. 농부가 곡식이 익었는데도 거둬들이지 않고 놔두면 새들이 와서 먹어버리든지 땅에 떨어서 헛일이 되는 것이다.
전도 대상자의 영적인 상태, 마음의 상태를 잘 진단하여 끌어당겨야 할 때는 힘차게 당겨야 한다. 그래야 열매를 맺을 수 있다. 쉬지 않고 끝까지 포기하지 않고 가서 만나면 기회를 잡을 수 있는 것이다.

나의 장점이라면 하나님 말씀에 순종하는 것이고 그분 뜻이라면 끝까지 해보는 것이다. 하나님이 끝이라고 할 때가 끝이고, 그만하라 하실 때 그만하면 되는 것이다. 이게 내 믿음이다.

많은 사람들이 중간에 포기하는 것이 문제다. 그렇게 되면 지쳐 버린다. 포기하지 않으면 반드시 열매를 맺는다. 열매를 맺으면 힘이 난다. 전도가 되는 교회는 이렇게 말한다.

"전도! 됩니다. 믿음으로 나갑시다."

하지만 열매가 없는 전도가 안 되는 교회는 이렇게 말한다.

"전도! 그거 해도 안 됩니다. 재정도 없고 인재도 없고 이제 지쳤어요."

이 둘의 차이는 무엇인가? 끝까지 포기하지 않느냐와 중간에 포기하느냐의 차이다.

어느 우물을 파는 기술자가 있었다. 이분이 우물을 파면 백 퍼센트 물이 나오고 성공했다. 때마침 어떤 농부가 우물이 필요하여 우물 파는 기술자에게 가서 물어보았다.

"당신은 어떻게 우물을 팠다 하면 물이 나옵니까?"

"······."

 잠깐 침묵이 흘렀다.

"난 물이 나올 때까지 팝니다."

"네?!"

우리에게 하나님은 전도의 열매를 맺을 수 있는 모든 자원을 주셨다. 하늘과 땅의 권세를 주셨다. 그리고 권세 있는 예수님의 이름을 주셨다. 그리고 이름을 사용하라고, 그러면 주님이 역사해주시겠다고.

> "또 이르시되 너희는 온 천하에 다니며 만민에게 복음을 전파하라 믿고 침례(세례)를 받는 사람은 구원을 얻을 것이요 믿지 않는 사람은 정죄를 받으리라 믿는 자들에게는 이런 표적이 따르리니 곧 그들이 내 이름으로 귀신을 쫓아내며 새 방언을 말하며 뱀을 집어 올리며 무슨 독을 마실지라도 해를 받지 아니하며 병든 사람에게 손을 얹은즉 나으리라 하시더라" 막 16:15-18

또 서로 팀을 이루어 격려하며 한 사람이 약해질 때 붙잡아주어야 한다.

"한 사람이면 패하겠거니와 두 사람이면 맞설 수 있나니 세 겹 줄은 쉽게 끊어지지 아니하느니라" 전 4:12

전도를 나갈 때는 가까운 사람과 2~3명이 한 팀을 이루어 전도하는 것이 좋다. 팀 전도를 하면 담대함도 생기고, 또한 약한 자를 일으켜 세울 수가 있다. 아이들도 혼자일 때는 아무것도 못하다가도 친구가 함께 모이면 겁나는 것이 없어진다.

한 사람이면 쉽게 넘어질 수 있지만 팀이 되어 전도하면 계속할 수가 있다.

전도는 포기하지 않고 계속하는 것이 능력이다.

전도는 주님 오실 때까지 이 세상에 불신 영혼이 있는 한 계속되어야 한다.

전도자에게 필요한 것은?

… 강한 훈련

좋은 군사는 훈련이 매우 중요하다. 처음부터 전도 잘하는 사람은 없다. 왜냐하면 몸에 밴, 즉 체질화되기에는 시간이 걸리기 때문이다. 시간이 걸리지만 진도도 반복하면 반드시 체질이 된다.

또 전도는 영적전쟁이기 때문에 에너지가 많이 소모된다. 그래서 새 힘을 위해 충전도 필요하고 재훈련도 필요하다. 우리 교회는 매년 2번씩은 전도 세미나를 개최한다. 전도 강사들을 초청하여 전도 세미나도 하고, 자체적으로 다른 교회와 연합하여 전도 행사를 하기도 한다.

몇 년 전 국민일보에서 주최하는 행복한 전도 세미나도 함께했다. 강사로 박재열 목사님의 '안 될 수 없는 교회 부흥' 강연으로 많은 은혜를 받았다. 김두식 목사님의 '전도는 어명이다'란 주제로 주님의 지상명령임을 다시금 다짐하는 시간이 있었다. 박상철 목사님의 '전도에는 방학이 없다'란 주제 역시 '전도에 때는 없다'라는 교훈을 얻는 귀한 시간들이 되었다. 제목 하나에서 전도에 큰 도전을 받는 귀한 시간임에 감사를 드렸다.

그뿐이 아니다. 아파트 전도왕이신 정상용 목사님의 강의를 이곳에 아파트가 들어오면서 열게 되어 좋은 호응을 얻었다. 장경동, 김호민 목사님의 전도 세미나도 했으며 2016년에는 MD전도 세미나도 여는 등 정말 몸에 좋다면 뭐든지 먹는다고 전도에 조금이라도 도움이 된다면 그야말로 거의 모든 세미나를 유치하게 되었다. 이 모든 것이 영혼구원에 있음은 두말 할 나위도 없다.

세미나들이 마쳐지면 일회성 행사로 끝내지 않고 지속적으로 교제를 가지고 자체 훈련을 계속해나갔다. 어느 때는 다른 교회에서 전도 세미나가 있으면 같이 가서 도전을 받고 오기도 했다. '가랑비에 옷 젖는다'고 이렇게 집요할 정도로 반복하여 훈련하다 보면 좋은 전도의 용사가 되어가는 것을 알기 때문이다. 훈련을 두려워할 필요는 없다.

전도자는 태어나는 것이 아니라 훈련되어 만들어지는 것이다.

… 전도는 기도 없이는 안 된다

기도는 하나님의 자녀들에게 주신 특권이며 축복이다. 나는 오래 전 자녀들을 양육할 때 놀라운 사실을 발견했다. 그것은 그들이 필요로 할 때 한 번도 응답을 안 해준 적이 없다는 것이다.

"아빠."
"응."
"이것 좀 해주세요."
"응, 그래. 바로 해줄게"

뭐 거창한 것은 아니지만 구한 것보다 더 좋은 것을 주길 기뻐했고, 자신의 능력 안에서 최고의 것을 주고 싶은 것이 부모의 마음이다. 우리 주님은 기도에 대해 이렇게 말씀하신다.

> "너희 중에 누가 아들이 떡을 달라 하는데 돌을 주며 생선을 달라 하는데 뱀을 줄 사람이 있겠느냐 너희가 악한 자라도 좋은 것으로 자식에게 줄 줄 알거든 하물며 하늘에 계신 너희 아버지께서 구하는 자에게 좋은 것으로 주시지 않겠느냐" 마 7:9-11

그래서 나는 기도의 확신이 있다. 기도하면 하나님은 일하시고 이루신다.

예수님께서 제자들에게 증인될 것을 말씀하시며 먼저 예루살렘을 떠나지 말고 약속의 성령을 기다리라고 하신다. 그리고 약속의 성령을 받고 성령의 권능으로 증인 되라고 하신다. 제자들은 마가의 다락방에서 뜨겁게 기도했다. 그때 오순절 성령의 충만함을 받고 능력 있게 전도한다. 또 기도할 때 아버지는 성령을 주시겠다고 말씀하신다.

"너희가 악할지라도 좋은 것을 자식에게 줄 줄 알거든 하물며 너희 하늘 아버지께서 구하는 자에게 성령을 주시지 않겠느냐 하시니라" 눅 11:13

전도는 영적전쟁이다. 힘이 없으면 패한다. 하지만 사랑의 힘으로 해야 한다. 사랑이 없으면 전도가 어렵고 열매가 없다. 혹시 있어도 기한 전에 떨어진다.

예수님의 전도일과 중 제일 먼저 하신 것이 새벽기도셨다.

"새벽 아직도 밝기 전에 예수께서 일어나 나가 한적한 곳으로 가사 거기서 기도하시더니" 막 1:35

예수님은 기도로 하루를 시작하셨다. 기도할 때 하나님은 성령을 부어주셨기 때문이다.

"하나님이 나사렛 예수에게 성령과 능력을 기름 붓듯 하셨으매 그가 두루 다니시며 선한 일을 행하시고 마귀에게 눌린 모든 사람을 고치셨으니 이는 하나님이 함께하셨음이라" 행 10:38

왜 전도해야 할까?

오늘날 한국교회의 어려움 중의 하나는 전도에 대한 어려움이다. 사실 전도는 영적전쟁이다. 초대 예루살렘교회도 대제사장과 장로들과 사두개인들이 예수를 전하지 말라고 사도들을 위협한다.

"이것이 민간에 더 퍼지지 못하게 그들을 위협하여 이 후에는 이 이름으로 아무에게도 말하지 말게 하자 하고 그들을 불러 경고하여 도무지 예수의 이름으로 말하지도 말고 가르치지도 말라 하니" 행 4:17-18

이에 베드로와 요한이 이렇게 대답한다.

"베드로와 요한이 대답하여 이르되 하나님 앞에서 너희의 말을 듣는 것이 하나님의 말씀을 듣는 것보다 옳은가 판단하라 우리는 보고 들은 것을 말하지 아니할 수 없다 하니"^{행 4:19-20}

오늘날도 세상은 그렇게 요구한다. 교회에서 자제하고 하지 않았으면 좋겠다고 생각하는 것이 전도다. 그러나 전도는 반드시 해야 하는 하나님의 말씀이다. 왜냐하면 몇 가지 성경적 이유가 있다.

… 하나님의 큰 상급이 있다

난 한 해가 저무는 연말 때마다 계속 생각해보는 것이 있다. 먼 훗날 믿음의 사람들이 하나님 앞에 갔을 때의 모습이다. 하나님께서 나에게 말씀하신다.

"너에게는 상급과 칭찬이 없다."
"……!"

이러신다면 어떻게 할 것인가? 이런 생각을 하면 정신이 번쩍 든다. 내가 귀한 영혼들을 인도하는 목사인데 하나님 앞에 상도 못 받는다면 어떻게 하겠는가? 전도해야 상급이 있는데 말이다.

사실 이 땅의 삶은 내 영혼의 때를 준비하는 기간이다. 모든 사람은 이 땅을 살고 떠나 영원한 나라에 가게 된다.

> "한번 죽는 것은 사람에게 정해진 것이요 그 후에는 심판이 있으리니" 히 9:27

우리는 틀림없이 믿음으로 구원받는다. 그런데 하나님의 상급과 면류관은 일한대로 심은 대로 받게 된다. 나에게 상급은 있는가? 사도 바울은 자기가 받을 면류관과 상급을 바라보며 믿음의 경주를 한다.

> "푯대를 향하여 그리스도 예수 안에서 하나님이 위에서 부르신 부름의 상을 위하여 달려가노라" 빌 3:14

사도바울이 바라보는 면류관은 의의 면류관이다.

> "이제 후로는 나를 위하여 의의 면류관이 예비되었으므로 주 곧 의로우신 재판장이 그 날에 내게 주실 것이며 내게만 아니라 주의 나타나심을 사모하는 모든 자에게도니라" 딤후 4:8

바울의 삶은 부활의 때, 영원한 하나님의 나라에 맞추어 산 삶이다.

하늘나라를 소망하자!

어느 장로님이 꿈에 천국을 갔다. 큰 기대를 가지고 자기 집을 찾았는데 허술한 집에 빗자루 하나만 딸랑 걸려 있더란다. 실망한 표정으로 천사에게 물어보았단다.

"왜 제 집은 허름하고 빗자루 하나밖에 없나요?"
"네가 이 땅에서 주님을 위해 한 일이 빗자루 하나 값밖에 없으니 그렇단다."

장로님은 큰 충격을 받았다고 한다. 이 세상에서의 충성이 하늘나라의 자기 집의 재료가 된다. 그런데 충성하지 않으면 당연히 하늘나라에서도 상급이 없다.

사도바울은 고린도 교회를 향해 우리 몸의 부활체가 각각 다름을 말씀한다. 형체가 다르고 영광이 다르다.

> "속지 말라 악한 동무들은 선한 행실을 더럽히나니 깨어 의를 행하고 죄를 짓지 말라 하나님을 알지 못하는 자가 있기로 내가 너희를 부끄럽게 하기 위하여 말하노라 누가 묻기를 죽은 자들이 어떻게 다시 살아나며 어떠한 몸으로 오느냐

하리니 어리석은 자여 네가 뿌리는 씨가 죽지 않으면 살아나지 못하겠고 또 네가 뿌리는 것은 장래의 형체를 뿌리는 것이 아니요 다만 밀이나 다른 것의 알맹이뿐이로되 하나님이 그 뜻대로 그에게 형체를 주시되 각 종자에게 그 형체를 주시느니라 육체는 다 같은 육체가 아니니 하나는 사람의 육체요 하나는 짐승의 육체요 하나는 새의 육체요 하나는 물고기의 육체라 하늘에 속한 형체도 있고 땅에 속한 형체도 있으나 하늘에 속한 것의 영광이 따로 있고 땅에 속한 것의 영광이 따로 있으니 해의 영광이 다르고 달의 영광이 다르며 별의 영광도 다른데 별과 별의 영광이 다르도다" 고전 15:33-41

성말 많이 다른 영광들이다. 그러니 더 좋은 부활을 위해 딜려가야 한다. 우리의 부활이 얼마나 중요한지 믿음의 사람들은 알고 있다.

"여자들은 자기의 죽은 자들을 부활로 받아들이기도 하며 또 어떤 이들은 더 좋은 부활을 얻고자 하여 심한 고문을 받되 구차히 풀려나기를 원하지 아니하였으며" 히 11:35

연약한 여인들이 더 좋은 부활을 위하여 고난도 감당한다. 이런 사람들은 세상이 감당하지 못할 분들이다. 영혼구원하는 전도야말로 하나님이 가장 기뻐하시는 일이며 수많은 믿음의 사람들이 하는 공통된 말은 천국에서 전도의 상이 가장 크다는 거다. 사실 순교도 복음 전하다 하는 것이다. 전도하는 사람을 하나님은 영원한 스타로 만들어주신다고 했다.

"지혜 있는 자는 궁창의 빛과 같이 빛날 것이요 많은 사람을 옳은 데로 돌아오게 한 자는 별과 같이 영원토록 빛나리라"

단 12:3

전도하는 사람은 이 땅에서도 스타가 되게 해주신다. 별과 같이 영원토록 빛나리라 하셨는데 사실이다. 삼위일체 하나님은 빛이시다. 어두움이 없으시다. 전도하는 사람은 어두우면 전도할 수 없다. 항상 얼굴이 빛이 있다. 이미 빛의 복을 받은 사람들이다.

난 배방중앙교회의 지체들이 하나님께 전도 많이 해서 모두 상과 면류관을 받았으면 좋겠다. 이미 하나님이 준비하고 계신 줄 믿는다. 하나님의 소원이 영혼구원이신데 우리도 끝까지 해야 한다.

우리는 그리스도의 일꾼이요 복음의 비밀을 맡은 자들이다.

"사람이 마땅히 우리를 그리스도의 일꾼이요 하나님의 비밀

을 맡은 자로 여길지어다

그리고 맡은 자들에게 구할 것은 충성이니라" 고전 4:1-2

하나님은 서머나 교회를 향하여 권면하신다.

"너는 장차 받을 고난을 두려워하지 말라 볼지어다 마귀가 장차 너희 가운데에서 몇 사람을 옥에 던져 시험을 받게 하리니 너희가 십 일 동안 환난을 받으리라 네가 죽도록 충성하라 그리하면 내가 생명의 관을 네게 주리라" 계 2:10

우리는 죽도록 충성해야 한다. 생명의 면류관이 준비되어 있기 때문이다. 사단에게 속으면 안 된다.

"그러므로 내 사랑하는 형제들아 견실하며 흔들리지 말고 항상 주의 일에 더욱 힘쓰는 자들이 되라 이는 너희 수고가 주 안에서 헛되지 않은 줄 앎이라" 고전 15:58

또 심는 대로 거두게 하신다.

"자기의 육체를 위하여 심는 자는 육체로부터 썩어질 것을

거두고 성령을 위하여 심는 자는 성령으로부터 영생을 거두리라" 갈 6:8

영혼 살리는 전도는 선택이 아닌 필수이다. 하나님께 최고의 충성이나 마찬가지이다. 우리 모두는 하나님의 칭찬을 받아야 한다.

"그 주인이 이르되 잘하였도다 착하고 충성된 종아 네가 적은 일에 충성하였으매 내가 많은 것을 네게 맡기리니 네 주인의 즐거움에 참여할지어다 하고" 마 25:21

··· 하나님의 간절한 소원이다

"하나님은 모든 사람이 구원을 받으며 진리를 아는 데에 이르기를 원하시느니라" 딤전 2:4

하나님은 모든 사람이 구원받기를 원하신다. 왜냐하면 하나님은 아버지이시기 때문이다. 아버지가 어느 한 자식만 구원받기를 원하신단 말인가. 다 구원받기를 원하신다. 우리는 아버지의 마음을 가져야 한다. 누가복음 15장에 나오는 탕자의 비유에서 형이 나오는데 형은 아버지의 마음을 모른다. 동생이 물질을 탕진한 것에 대한 미운 마음이 가득하다. 그러나 아버지는 아들의 생명에 관심이 있다. 32절에 아버지는 큰아들에게 이렇게 말한다.

"이 네 동생은 죽었다가 살아났으며 내가 잃었다가 얻었기로
우리가 즐거워하고 기뻐하는 것이 마땅하다 하니라" 눅 15:32

한 영혼이 하나님께 돌아올 때 너무나도 기뻐하시며 즐거워하신다. 만일 우리가 복음을 전하지 아니하면 듣지 못하고, 듣지 못하면 믿지 못하고, 믿지 않으면 구원받을 수 없다. 그러므로 우리는 전도해야 한다.

… 예수님께서 이 땅에 오신 목적이다

"이르시되 우리가 다른 가까운 마을들로 가자 거기서도 전도
하리니 내가 이를 위하여 왔노라 하시고" 막 1:38

예수님이 이 땅에 오신 목적은 전도하여 영혼구원하려는 것이다. 그래서 예수님의 모든 권세를 전도하는 사람들에게 주셨다.

"예수께서 나아와 말씀하여 이르시되 하늘과 땅의 모든 권세를 내게 주셨으니
그러므로 너희는 가서 모든 민족을 제자로 삼아 아버지와 아들과 성령의 이름으로 침례(세례)를 베풀고 내가 너희에게 분부한 모든 것을 가르쳐 지키게 하라 볼지어다 내가 세상 끝날까지 너희와 항상 함께 있으리라 하시니라" 마 28:18-20

하늘과 땅의 권세를 받으신 예수님께서 전도하는 사람들과 세상 끝날까지 함께해주신다고 하셨다. 실제로 초대교회에서 전도할 때 놀라운 일들이 일어났다. 베드로 사도가 전도할 때 큰 권세가 나타났다.

"심지어 병든 사람을 메고 거리에 나가 침대와 요 위에 누이고 베드로가 지날 때에 혹 그의 그림자라도 누구에게 덮일까 바라고 예루살렘 부근의 수많은 사람들도 모여 병든 사람과 더러운 귀신에게 괴로움 받는 사람을 데리고 와서 다 나음을 얻으니라" 행 5:15-16

빌립 집사가 사마리아성에서 복음을 전했을 때 많은 기적이 일어났다.

"빌립이 사마리아 성에 내려가 그리스도를 백성에게 전파하니 무리가 빌립의 말도 듣고 행하는 표적도 보고 한마음으로 그가 하는 말을 따르더라 많은 사람에게 붙었던 더러운 귀신들이 크게 소리를 지르며 나가고 또 많은 중풍병자와 못 걷는 사람이 나으니 그 성에 큰 기쁨이 있더라" 행 8:5-8

사도바울이 에베소에서 복음을 전할 때 놀라운 일들이 일어난다.

"하나님이 바울의 손으로 놀라운 능력을 행하게 하시니 심지어 사람들이 바울의 몸에서 손수건이나 앞치마를 가져다가 병든 사람에게 얹으면 그 병이 떠나고 악귀도 나가더라" 행 19:11-12

전도할 때 주님이 역사하신다.

"제자들이 나가 두루 전파할새 주께서 함께 역사하사 그 따르는 표적으로 말씀을 확실히 증언하시니라" 막 16:20

전도를 위하여 성령의 권능을 주신다.

"오직 성령이 너희에게 임하시면 너희가 권능을 받고 예루살렘과 온 유대와 사마리아와 땅 끝까지 이르러 내 증인이 되리라 하시니라" 행 1:8

성령의 권능으로 전도하면 성령이 우리에게 오신 것이다. 전도는 성령의 권능이 있어야 한다. 그래서 예수님께서는 사도들에게 예루살렘을 떠나지 말고 아버지께서 약속하신 성령을 기다리라고 했다. 그래서 전도할 때는 기도 많이 하고 성령 충만해서 나가야 한다.

… 성도와 교회의 아름다운 삶이다

"좋은 소식을 전하며 평화를 공포하며 복된 좋은 소식을 가져오며 구원을 공포하며 시온을 향하여 이르기를 네 하나님이 통치하신다 하는 자의 산을 넘는 발이 어찌 그리 아름다운가" 사 52:7

성도의 가장 아름다운 삶은 바로 영혼을 사랑하여 십자가의 사랑으로 복음을 전하는 자의 삶이다. 십자가의 사랑이 없으면 복음을 전할 수 없기 때문이다. 하나님이 보실 때 가장 아름다운 성도는 전도하는 성도다. 그리고 가장 아름다운 교회는 전도하는 교회다.

예수님의 지상명령에 순종하기 때문이며 아버지의 마음을 알기 때문이다.

교회가 성장해야 되는데 정체되고 성장하지 못하면 목회자도 어렵고 성도들도 힘들다. 목회자 스스로 위축되고 자기의 부족함에 마음이 눌릴 수밖에 없다. 부흥은 하나님의 뜻이고 부흥되는 것이 맞다. 그래서 어느 목사님은 이런 좀 말도 안 되는 말도 하지 않았는가.

"교회가 부흥된다면 양잿물도 마실 거예요."

얼마나 목회자가 부흥을 갈망하는지 알 수 있는 대목이다.
사실 개척교회와 작은 교회는 전도하기에 역부족이다. 전도하려면 일꾼이 있어야 하고 전도물품이 있어야 전도하는 발걸음도 가볍다. 그런데 전도할 일꾼도 없고 물질도 부족하다. 얼마나 안타까운가. 한때 우리 교회도 성장이 정체되어 어려웠던 적이 있다. 그때 하나님께서 전도에 대한 강력한 감동을 주시고, 우리는 그 길이 옳다고 생각하며 전도를 잘하는 교회를 바라보게 하셨다. 그리고 전도의 성공사례를 들어보면서 우리 부부가 먼저 뛰기로 했다. 감사하게도 사모도 열정을 가지고 시작했다. 전도 잘하는 교회를 찾아가 전도하는 교회의 전도대에 들어가서 함께 전도현장에 나가서 배웠다.

아파트 문을 두드리며 전도하는 방법, 그리고 어떻게 그들에게 복음을 전하는지도 배웠다. 배운 것을 가지고 교회로 돌아와서 똑같이 해보았다.

하나님은 참으로 좋으신 분이다. 이렇게 하자 한 명씩 한 명씩 사람들이 교회에 다시 오기 시작했다.

'나가면 있고 안 나가면 없다'라는 말이 실감난다. 당시는 좀 재정이 힘든 때라 어렵게 마련한 전도용품이 있으면 마음이 편해졌다. 혹 주변에 전도용품이 넉넉한 교회가 있으면 좀 달라고도 하면서 그것으로 전도를 나간 고마운 기억이 난다.

전도에 때가 있을까?

전도는 언제 해야 할까? 특별히 때가 없다고 생각한다. 쉬지 말고 눈이 오나 비가 오나 어떠한 환경에도 나아가야 한다. 나도 그래서 정말 열심히 훈련을 받고 매일같이 나갔다. 사모도 겨울에 발에 동상이 걸리는 것도 모를 정도로 열심이 특심했다. 또 주변에 아파트가 생긴 이후는 매일같이 아파트를 오르내리니 무릎과 발에 무리가 왔다.

하지만 이런 열정으로 어느 정도 세월이 흐르니 전도에 탄력이 붙게 되었고 그야말로 그리스도의 강한 군사처럼 성장한 모습을 보게 되었다. 그렇다. 왜 우리 교회는 부흥하지 않을까? 왜 전도가 안 될까? 너무 조급하지 말자. 하루하루 최선을 다하고 전도하고 양육할 때 결국은 때가 되매 부흥할 것이기 때문이다.

나는 이렇게 훈련된 상태에서 누구를 만나도 담대하게 복음을 전했다. 분명 성령님이 그렇게 담대함을 주셔서 가능한 것이다. 어떨 때는 그냥 단순하게 복음을 전하기만 했는데도 사람들이 예수님을 영접하고 교회로 나오는 놀라운 역사가 일어나기도 했다.

사실 개척교회나 일꾼이 없는 작은 교회는 목회자 부부가 직접 시작하는 수밖에는 없다.

단단히 마음먹고 꾸준히 하면 반드시 일꾼이 세워진다고 믿는다. 전도자로서 무엇이 능력이냐고 물으신다면 난 주저 없이 포기하지 않고 계속하는 것이 능력이라고 말할 것이다.

그래서 예수님은 열두제자들을 전도의 현장에 보내시면서 당부하신다.

"누구든지 너희를 영접하지도 아니하고 너희 말을 듣지도 아니하거든 그 집이나 성에서 나가 너의 발의 먼지를 떨어 버리라" 마 10:14

정말 전도는 영적전쟁이다. 그러니 얼마나 적의 공격이 심하겠는가.

누가 전도자를 그렇게 환영하겠는가. 그러다 보니 몇 번 하다가 포기하기 쉬운 것이 전도다.

그때 전도자들은 먼지를 훌훌 털어버리고 또 다른 집으로 가야 한다. 마음에 담아두고 상처 받으면 안 된다.

한번은 우리 집 냉장고가 이상한 소리를 내다가 결국 고장 났다. 수리하시는 분을 불렀더니 냉장고 모터 부분에 먼지가 끼어서 고장 났다는 것이다. 그 작은 먼지가 조금씩 조금씩 쌓여서 결국은 고장을 일으켜 냉장고의 역할을 못하게 만든 것이다.

전도하다 보면 사람들의 핍박이 있다. 환경적인 요인도 있다. 눈이 오고 비가 오고 춥고 덥고, 또 물질적인 어려움도 있을 수 있다. 몸의 컨디션도 안 좋을 때가 있다.

이때가 제일 위험하다. 이 위기를 잘 넘겨야 한다.

감사하게도 전도를 계속하면서 일꾼이 생기기 시작했다. 사모가 전도한 정해순이란 분이 이제는 집사가 되어 함께 전도를 나간다.

그리고 얼마 후 김덕애 집사와 김혜진 집사도 전도팀에 합류하여 함께하기 시작했다. 난 그들을 전도3인방이라고 부른다.

정말 그들은 열심이 특심인 사람들이다. 얼마나 감사하고 감동적인지 매일 교회에 출석하여 함께 전도하고 교회에 충성을 다한다. 정녕 목회의 아름다운 열매라고 생각하며 하나님께 그저 감사할 뿐이다. 물론 이분들만 있는 것은 아니다. 다른 성도님들도 전도에 동참하는 일이 계속 생기고 있다. 지금은 정말 직간접으로 거의 모든 성도들이 전도하는 일에 기쁜 마음으로 적극 동참하고 있다.

Step 5

전도하며 받은 축복들

일꾼, 부흥, 물질, 영적권위, 행복, 건강

교회의 일꾼이 세워졌다

어디를 가나 사람이 중요하다. 대체로 개처교회는 일꾼이 없다. 처음에는 몇십 명 모이기도 힘들다. 창립예배 날이나 지방회, 노회 목사님과 지인들이 좀 모여 줄뿐이다. 그날 만 기분이 좋다. 그러나 그날이 지나고 다음 주 주일부터는 그야말로 황량한 들판 같은 예배당이 기약 없이 존재할 뿐이다. 그러나 성경에서 놀랍게도 하나님은 일당 천을 말씀해주신다.

"그 작은 자가 천 명을 이루겠고 그 약한 자가 강국을 이룰 것이라 때가 되면 나 여호와가 속히 이루리라" 사 60:22

목회자 부부가 올인하여 달려가니 하나님께서 일꾼들을 붙여주시는 기적이 일어났다. 어느 날부터 전도하는 일에 집사님들이 참여하기 시작했다. 그중에 김덕애 집사와 정해순 집사, 김혜진 집사, 이상 전도 삼총사가 일어났다. 이 집사들은 얼마나 열심이 특심한지 그야말로 매일 교회로 출근하는 분들이다. 이들의 선한 영향력이 성도들에게까지 미쳤다. 이들의 충성을 보고 자기들도 도전을 받은 것이다.

교회는 분위기가 중요하다. 어느 곳으로 어떻게 어떤 분위기가 흐르는가가 너무나도 중요하다.

노는 분위기면 노는 모임으로,
기도 분위기면 기도 분위기로,
전도 분위기면 전도 분위기로.

전도 삼총사 덕분에 우리 교회는 전도 분위기로 흘렀다. 탄력이 붙기 시작했다. 전도도 처음이 어렵지 이렇게 일꾼들이 일어나 함께하면 더욱 힘이 되어 지속할 수가 있게 된다. 목회자에게 일꾼이 세워지는 것보다 더 큰 보람은 없는 것 같다. 예수님께서도 열 두 제자를 세우시고 양육하여 세계복음화를 맡기신 것처럼 훈련되고 준비된 한 사람은 많은 영혼을 감당할 수 있는 것이다. 이들의 헌신이 오늘 우리 교회의 부흥에 큰 밑거름이 되었다.

이제는 더욱 많은 전도자들이 세워졌다. 각 여전도회, 남전도회가 이웃 개척교회로 가서 함께 전도해줄 정도로 많은 전도자들이 세워졌다. 참 감사한 일이 아닐 수 없다.

요즘은 우리 교회에서 MD사역자들을 세우는 일을 진행한다. MD전도사관학교를 운영하시는 조준석 목사님이 오셔서 8주간의 전도정착 사관학교를 하게 된 것이다. 훈련을 받고 나니 이제는 익숙하게 되어 이제는 자체적으로 한다. 구체적인 일은 전도와 새신자 돌봄을 실천하는 일이다. MD는 영어로 Mediator의 약자로 중간에 다리를 놓아주는 사람을 의미한다. '조정자', '중개자', '중보자'라는 의미이다. 중재함으로 양편의 대리자 역할을 하는 사람이 바로 MD다. 지금은 열두 명의 MD사역자를 임명하여 이들이 새신자들을 섬기며 돌보는 역할을 하고 있다. 이들은 늘 훈련하며 충성하는 것은 물론이고 이제 더 나아가 120명의 충성된 일꾼을 위해 기도한다.

한 사람 속에 성령이 임재하시어 능력을 깨울 때 일당 천의 능력을 감당할 줄 믿는다.

"이에 제자들에게 이르시되 추수할 것은 많되 일꾼이 적으니

"그러므로 추수하는 주인에게 청하여 추수할 일꾼들을 보내
주소서 하라 하시니라" 마 9:37-38

예수님의 이 말씀처럼 우린 기도해야 한다. 기도하고 전도하다 보면 일꾼을 보내주시고 세워주시겠다고 한다. 교회와 나에게 주신 최고의 축복은 일꾼을 세워주신 것이다.

예수님의 제자 양육 방법은 몸소 실천으로 보여주시는 삶이었다. 친히 전도로 제자들에게 본을 보이신 것이다.

"이르시되 우리가 다른 가까운 마을들로 가자 거기서도 전도
하리니 내가 이를 위하여 왔노라 하시고" 막 1:38

개척교회는 전도할 일꾼이 없다. 그래서 먼저 목회자 부부가 전도해야 한다. 주위의 소리의 먼지를 다 털어내 버려야 한다. 사실 전도의 방해요소는 너무나 많다. 왜냐하면 영적전쟁이기 때문이다. 전도는 사단이 좋아하지 않기 때문이다. 속으면 안 된다.

전도는 영혼사랑이다. 하나님 사랑이요 이웃 사랑의 실천이다. 이렇게 몇 년 전도하면 일꾼이 일어나고 목회자 부부는 성도와 새신자 양육하는 데 바쁘게 된다. 제발 포기하지 말고 꾸준히 해내주기 바란다.

지금 우리 교회에서는 사모가 몇 팀의 성경공부를 하고 있다. 말씀은 하나님이요 살아 있는 말씀이기에 말씀양육을 꼭 해야 한다. 그래야 믿음이 든든히 서게 된다. 힘들어도 목회자 부부가 전도의 길을 열어주어야 한다. 일단 열어만 놓으면 그 길로 들어오는 사람들이 많이 생겨나게 된다. 교회 일꾼이 일어남이 최고의 행복이다.

양적 부흥이 일어났다

　매일매일 전도하다 보면 준비된 영혼을 만난다. 이름을 적고 주일날 교회로 인도하니 자연스럽게 교회에 들어온다. 감사하게도 매주 이런 일이 계속 일어난다. 교회는 그들을 환영해주고 교회의 한 지체가 된다. 지금까지 교회가 생긴 이래로 교회 등록이 빠진 날이 별로 없다. 그러니 교회 분위기가 매주 잔치다.

　하나님은 교회의 부흥을 원하신다. 아니, 영혼구원을 제일로 기뻐하고 즐거워하시는 모습을 보여주신다. 누가복음 15장에는 세 가지 비유로 이 같은 즐거움을 보여주신다.

　첫째는, 잃은 양을 찾은 목자의 비유이다.

　목자가 자기 양을 잃었을 때 마음이 어떻겠는가. 그리고 그 양을 찾았을 때 기분 또한 어떻겠는가. 정말 기쁘지 아니한가.

"내가 너희에게 이르노니 이와 같이 죄인 한 사람이 회개하
면 하늘에서는 회개할 것 없는 의인 아흔아홉으로 말미암아
기뻐하는 것보다 더하리라" 눅 15:7

둘째는, 잃은 드라크마를 찾은 여인의 비유이다.

지금 세대는 남녀노소 할 것 없이 돈을 좋아한다. 돈은 필요하다. 하지만 잘 써야 한다. 이런 귀중한 돈을 한 여인이 잃어버리고 낙심한다. 하지만 잃어버린 돈을 찾기 위해 온 집 안을 뒤져 찾게 된다. 이 여인이 얼마나 기뻐하는지를 보여주는 말씀이다.

"내가 너희에게 이르노니 이와 같이 죄인 한 사람이 회개하
면 하나님의 사자들 앞에 기쁨이 되느니라" 눅 15:10

셋째는, 잃은 아들을 되찾은 아버지의 비유이다.

둘째 아들은 아버지 유산을 미리 받아 집을 나가버렸다. 아버지는 집 떠난 아들 생각뿐이었다. 아버지의 근심이 시작된다. 아버지의 생각 속에는 오직 둘째 아들이 돌아올 생각으로 가득하다. 그런데 그 아들이 마침내 아버지께 돌아왔다. 아버지의 기쁨과 즐거움이 회복되었다.

"이 네 동생은 죽었다가 살아났으며 내가 잃었다가 얻었기로 우리가 즐거워하고 기뻐하는 것이 마땅하다 하니라" 눅 15:32

하지만 형은 동생의 재물 탕진에만 불평이 가득했다. 동생은 안중에도 없었다. 그러나 아버지는 아들의 생명에만 관심이 있었다. 만약 자식을 잃었다면 무슨 살맛이 나겠는가. 밥을 먹어도 먹는 것 같지 않고, 잠을 자도 잔 것 같지 않고, 살아도 산 것 같지 않았다. 교회도 아버지의 마음이 있어야 잃어버린 영혼을 찾아나설 것이다. 전도는 나가면 있고 안 나가면 없는 것이다. '찾는 이가 찾을 것이다'라고 예수님께서 말씀하셨다.

지금 예비된 영혼들이 우리 주위에 정말 많이 있다. 초대교회가 전도하니까 날마다 구원 받는 사람들이 생겼다.

"그 말을 받은 사람들은 침례(세례)를 받으매 이날에 신도의 수가 삼천이나 더하더라" 행 2:41

"하나님을 찬미하며 또 온 백성에게 칭송을 받으니 주께서 구원받는 사람을 날마다 더하게 하시니라" 행 2:47

"말씀을 들은 사람 중에 믿는 자가 많으니 남자의 수가 약 오

천이나 되었더라" 행 4:4

"그들이 날마다 성전에 있든지 집에 있든지 예수는 그리스도 라고 가르치기와 전도하기를 그치지 아니하니라" 행 5:42

교회가 계속 전도하니까 예루살렘 교회에 큰 양적 부흥이 왔다. 숫자가 많아지니 문제도 생겼다. 많은 사람을 소수의 열두 제자가 다 돌볼 수가 없었다. 그래서 믿음의 신실한 사람들 중에서 일꾼을 뽑아 세웠다.

"형제들아 너희 가운데서 성령과 지혜가 충만하여 칭찬 받는 사람 일곱을 택하라 우리가 이 일을 그들에게 맡기고" 행 6:3

"온 무리가 이 말을 기뻐하여 믿음과 성령이 충만한 사람 스데반과 또 빌립과 브로고로와 니가노르와 디몬과 바메나와 유대교에 입교했던 안디옥 사람 니골라를 택하여" 행 6:5

양적 부흥은 결국 질적 부흥으로도 이어졌다. 부흥하는 교회는 일꾼을 세워가는 교회이다. 나는 개척교회 당시 늘 부러웠던 것이 일꾼을 세우며 달란트를 가진 자들을 잘 조직하여 세운 교회였다.

찬양대는 너무나 멋졌고, 오케스트라는 당연히 멋있고, 각 조직에 걸맞게 일하는 사람들이 있는 교회가 부러웠다.

그런데 교회가 성장하다보니 우리도 하나하나 세워지는 것을 경험하게 되었다. 특히 성탄절 전야 축하 발표회때 보면 확실히 알 수 있다. 각 기관마다 나와 성탄축하를 하는데 얼마나 조직적으로 단합이 잘 되어 축하찬양을 부르는지 모르겠다. 너무나도 감사한 일이다.

사람이 있으면 각 종 달란트를 주님의 교회를 위해 사용 되어 질 때 더 큰 힘이 되고 세상을 밝힐 수 있다. 양적 부흥도 하나님의 소원이고 뜻이기에 전도하면 양적 부흥을 반드시 경험하는 복을 받게 될 것이다.

교회 뒷문을 닫을 힘이 생겼다

　개척교회를 해보면 일 년 동안 이런저런 이유로 교회에 오는 사람들이 꽤 된다고 한다. 그런데 계속해서 교회에 오는 사람은 없고 한두 번 왔다가 떠나가는 사람이 많아 부흥이 안 된다고 한다. 왜 그럴까? 나는 새로 온 성도들에게 사랑을 줄 수 있는 한계가 있기 때문이라고 생각한다. 목사와 사모가 모든 이들의 필요를, 사랑을 다 채워줄 수 없다. 함께 사랑을 나누어줄 수 있는 십자가의 사랑이 넘치고 있는 지체들이 필요한 것이다. 양은 목자가 치지만 젖을 주는 것은 목자가 아니라 양이다. 목자는 양들에게 푸른 초장 풀밭으로 인도하지만 신선한 풀을 먹고 젖을 내는 것은 바로 양들이다. 그리고 목자가 양을 낳는 것이 아니라 양들이 새끼 양을 낳는 것이다.

　어느 목사님이 이런 말씀을 하셨다. 전적으로 동의하지는 않지만 '시집 안 간 처녀들은 자기주장과 고집이 강하다, 이 주장이 꺾이는 방법은 시집가서 아이를 낳는 것이다'라는 말이었다. 전도하여 영적인 아이를 낳은 사람은 십자가의 사랑이 흐를 수밖에 없다. 하나님이 주신 놀라운 신비이다. 엄마가 아이를 낳으면 젖이 나온다. 그래서 하나님은 그 아이를 키우도록 만드신 것이다.

교회가 전도하다 보니 전도자들이 새신자들을 많이 감당해준다. 그러니 교회의 뒷문이 닫힐 수밖에 없다. 교회에 들어오는 숫자보다 교회를 나가는 숫자가 적으면 그 교회는 부흥하는 것이다. 당연한 이치 같지만 이게 생각보다 쉽지 않다. 그만큼 더 지속적인 사랑과 관심이 필요하다.

오늘날 많은 교회들이 교회 새로 들어오는 숫자와 나가는 숫자가 비슷하다. 이런 교회는 현상유지하는 교회들이다. 그런데 '영혼을 사랑하여 전도하는 교회'는 반드시 부흥한다. 나가는 뒷문을 닫을 힘이 있기 때문이다.

생각보다 영적세계는 냉철하다. 사람들은 내 영이 살길 정말 원한다. 우리는 이 소리를 들을 수 있어야 한다. 살려달라는 소리를 들어야 한다. 상대방이 정말 내 영을 살릴지 말지를 냉철하게 판단하는 것이 사람이다. 영적 세계는 진정한 소리에 귀 기울이는 것이다. 마음의 소리를 듣자. 사랑하면 죽어가는 영혼의 소리가 들린다. 그러니 그런 능력을 달라고 기도하자.

생명 있는 교회, 영혼 사랑하는 교회를 영적으로 사모하게 되어 있다. 목회는 인정으로 되는 것이 아니다. 생명을 살려야 되는 것이다. 만약 지금 여러분 교회에 뒷문이 열려 있다면 잘 보수하여 든든히 닫아야 한다. 보수했으면 사랑으로 굳건히 문을 걸어 잠가야 한다.

사실 나도 목회하면서 뒷문이 열려 있을 때 많은 고민을 했다. 그런데 전도하면서 조금씩 조금씩 닫히는 것을 목도했다. 지금은 견고한 문이 되었다. 일 년이 지나 보면 눈에 보이게 부흥을 경험하게 된다. 참 기쁜 일이다.

전도는 종합 비타민 같다. 녹아져서 뒷문은 닫아주고 일꾼으로 세워주고, 필요를 공급해주고 활력이 생기니까 말이다. 사실 나가는 문을 완전히 닫을 수는 없다. 이사 가는 성도, 개인적인 사정으로 부득이한 일들로 멀리 떠나가기도 한다. 부득이한 경우를 제외하고는 전도하다 보면 전도하는 전도자의 사랑과 열정이 전달되어서 잘 정착하게 된다. 이런 분위기가 되면 나가려는 생각보다는 교회 안으로 들어오려는 생각이 더 지배하게 된다. 부정적인 생각들이 긍정적으로 바뀐다. 깨진 항아리에는 아무리 물을 부어도 채워지지 않는다. 그런데 전도하는 그 사랑의 열정이 깨진 금을 막아주어 결국 부흥하게 되는 것이다.

나는 부흥하면서 영적인 것이 얼마나 예민한지 알게 되었다. 그래서 쉬지 않고 기도하지 않을 수 없었다. 전도는 나가는 뒷문을 막아준다.

물질의 축복도 받았다

하나님은 물질의 주인이시다. 그분의 자원은 한이 없으시다. 하나님이 기뻐하시는 전도를 하면 물질을 부어주시는 것이 당연하다. 우리는 청지기다. 선한 청지기에게 물질도 더 맡기신다.

> "주께서 이르시되 지혜 있고 진실한 청지기가 되어 주인에게 그 집 종들을 맡아 때를 따라 양식을 나누어줄 자가 누구냐 주인이 이를 때에 그 종이 그렇게 하는 것을 보면 그 종은 복이 있으리로다 내가 참으로 너희에게 이르노니 주인이 그 모든 소유를 그에게 맡기리라" 눅 12:42-44

하나님은 성도들로 하여금 지갑을 스스로 열게 하신다. 영혼을 사랑하며 전도하는 데에 물질을 아까워하지 않는 성도들이 의외로 많다. 가치로 치면 한 영혼이 온 천하보다 귀한데 돈이 아깝지 않은 것이다. 우리 교회도 전도헌금을 하시는 분들이 많다. 전도는 하나님께 심는 것이다. 심으면 반드시 많은 열매가 있다.

"이것이 곧 적게 심는 자는 적게 거두고 많이 심는 자는 많이 거둔다 하는 말이로다 각각 그 마음에 정한 대로 할 것이요 인색함으로나 억지로 하지 말지니 하나님은 즐겨 내는 자를 사랑하시느니라 하나님이 능히 모든 은혜를 너희에게 넘치게 하시나니 이는 너희로 모든 일에 항상 모든 것이 넉넉하여 모든 착한 일을 넘치게 하게 하려 하심이라" 고후 9:6-8

하나님은 그분의 소원인 영혼구원을 우리에게도 주셔서 행하게 하신다.

"너희 안에서 행하시는 이는 하나님이시니 자기의 기쁘신 뜻을 위하여 너희에게 소원을 두고 행하게 하시나니" 빌 2:13

우리가 순종하면 일은 하나님이 하신다. 우리가 생각하고 바라는 것 이상으로 채워주신다.

"우리 가운데서 역사하시는 능력대로 우리가 구하거나 생각

하는 모든 것에 더 넘치도록 능히 하실 이에게" 엡 3:20

주님의 선한 일에 넉넉하게 채워주시는 분이시기도 하다. 영혼이 잘되면 범사가 잘되고 강건한 복이 임하는 것이다. 전도하면 영권, 인권, 물권을 다 주신다. 우리는 하나님의 우선순위를 바로 알아야 한다.

"그런즉 너희는 먼저 그의 나라와 그의 의를 구하라 그리하면 이 모든 것을 너희에게 더하시리라" 마 6:33

그의 나라와 그의 의를 복음을 통하여 이루어 주신다. 복음을 전하는 일이 무엇보다 우선이다. 그리하면 이 모든 것을 더해주신다고 하신다. 먹고 마시고 입고 필요한 물질을 주시겠다는 것이다. 물질은 주님 일에 매우 중요하다. 손에 상대방에게 줄 수 있는 무엇이 들려 있으면 전도의 발걸음이 가볍다. 그리고 주면 상대방의 마음이 열린다.

주는 자가 복이 있는 것이다.

전도하면 주는 자의 삶이 될 수 있도록 물질의 복이 임한다.

영적 권위의 복을 받았다

권위의 하나님이시고 하나님의 사람들, 특별히 복음을 전하는 전도자들에게 주신다.

"여호와께서 다스리시니 스스로 권위를 입으셨도다 여호와께서 능력의 옷을 입으시며 띠를 띠셨으므로 세계도 견고히 서서 흔들리지 아니하는도다" 시 93:1

하나님의 권세와 위엄은 그 누구도 따라갈 수 없다. 이 권세를 하나님은 예수님께 주셨고 또한 예수님은 복음을 전하는 자와 함께 하시며 이 권세를 나타내셔서 권세와 위엄을 주신다. 그것으로 기독교는 2천 년 동안 교회를 유지시켜 온 것이다.

"예수께서 나아와 말씀하여 이르시되 하늘과 땅의 모든 권세를 내게 주셨으니

그러므로 너희는 가서 모든 민족을 제자로 삼아 아버지와 아들과 성령의 이름으로 침례(세례)를 베풀고 내가 너희에게 분부한 모든 것을 가르쳐 지키게 하라 볼지어다 내가 세상 끝날까지 너희와 항상 함께 있으리라 하시니라" 마 28:18-20

주님의 제자들이 나아가서 복음을 전했다. 기사와 이적이 수도 없이 나타난다. 주님이 함께하면 역사가 일어난다.

"제자들이 나가 두루 전파할새 주께서 함께 역사하사 그 따르는 표적으로 말씀을 확실히 증언하시니라" 막 16:20

베드로 사도가 40년 동안 한 번도 서지 못하는 장애인에게 나사렛 예수 그리스도의 이름으로 일어나라 명하니 그 장애인이 일어나 걷기도 하며 뛰기도 하고 성전에 들어가 하나님을 찬송한다. 복음 전하는 베드로에게 권세가 임해 베드로의 그림자만 덮여도 귀신이 떠나가고 질병이 떠나갔다.

"심지어 병든 사람을 메고 거리에 나가 침대와 요 위에 누이

고 베드로가 지날 때에 혹 그의 그림자라도 누구에게 덮일까 바라고 예루살렘 부근의 수많은 사람들도 모여 병든 사람과 더러운 귀신에게 괴로움 받는 사람을 데리고 와서 다 나음을 얻으니라" 행 5:15-16

베드로 사도가 복음 전하며 룻다에서 팔 년 동안 중풍병으로 고통 받던 애니아를 치료한다.

"베드로가 이르되 애니아야 예수 그리스도께서 너를 낫게 하시니 일어나 네 자리를 정돈하라 한대 곧 일어나니 룻다와 사론에 사는 사람들이 다 그를 보고 주께로 돌아오니라" 행 9:34-35

더 큰 권위는 죽은 자를 기도로 살리신 것이다.

"베드로가 사람을 다 내보내고 무릎을 꿇고 기도하고 돌이켜 시체를 향하여 이르되 다비다야 일어나라 하니 그가 눈을 떠 베드로를 보고 일어나 앉는지라" 행 9:40

그의 복음 전도로 수많은 무리들이 예수 믿고 구원받는다. 베드로의 영적 권위는 대단했다. 사도바울도 복음 전할 때 영적 권위가 대단했다. 귀신이 먼저 알고 바울에게 이렇게 말한다.

"그가 바울과 우리를 따라와 소리 질러 이르되 이 사람들은 지극히 높은 하나님의 종으로서 구원의 길을 너희에게 전하는 자라 하며" 행 16:17

귀신은 복음을 전하는 사도 바울을 알고 권위를 인정한다.
하나님은 복음을 전하는 바울에게 놀라운 권세를 주셨다. 그의 몸에 있는 물건을 통하여 병든 자에게 닿으면 질병과 귀신들이 떠났다.

"하나님이 바울의 손으로 놀라운 능력을 행하게 하시니 심지어 사람들이 바울의 몸에서 손수건이나 앞치마를 가져다가 병든 사람에게 얹으면 그 병이 떠나고 악귀도 나가더라"
행 19:11-12

빌립도 사마리아 성에 가서 전도하니 질병과 귀신들이 떠났다.

"빌립이 사마리아 성에 내려가 그리스도를 백성에게 전파하니 무리가 빌립의 말도 듣고 행하는 표적도 보고 한마음으로

> 그가 하는 말을 따르더라 많은 사람에게 붙었던 더러운 귀신들이 크게 소리를 지르며 나가고 또 많은 중풍병자와 못 걷는 사람이 나으니" 행 8:5-7

이미 하늘과 땅의 권세를 전도자들에게 주셨기 때문에 당연히 이런 표적과 기적이 나타나게 되어 있다.

우리 교회에도 이런 일이 많이 있었다. 뺑튀기를 열심히 준비하는 장재환 집사님도 폐암으로 매우 위중한 상태셨다. 온 교인이 그분을 위해 병 낫기를 기도하니 어느 날 건강이 다시 회복되는 역사가 있었다. 지금도 열심히 뺑튀기 전도로 새로운 삶을 살고 계신다. 그분은 요즘 점점 더 젊어진다고 한다. 감사한 일이다.

박용순 권사님이란 분이 계신다. 안타깝게도 대장암에 걸렸다. 나와 우리 사모, 교인들은 간절히 병 낫기를 위해 기도했다.

"목사님, 병원에서 검사했는데 병이 다 나았대요. 감사합니다."

감사와 축복이 왔다. 이분도 회복되어서 지금은 토스트 전도를 열심히 잘하고 계신다. 그 외에도 아픈 분들이 기도해달라고 해서 기도해준다.

이런 분들이 우리 교회는 정말 많다. 물론 내가 낫게 한 것이 아니다. 오직 주님이 고쳐주셨다. 육신은 치료되어도 언젠가는 죽는다. 그러나 믿고 구원받으면 영생의 복이 있다.

　기독교는 체험의 종교라고도 한다. 하나님을 떠난 인생은 믿음이 없다. 그러므로 하나님은 권세로 전도하게 하신다. 그래야 믿기 때문이다. 우리가 하나님을 믿는다는 것이 사실은 기적이다.

　동서가 서울의 한 큰 교회를 다니는데 교회에서 주차 안내를 맡아달라고 했단다. 믿음 좋은 동서는 기꺼이 감당하였다. 영적 권위가 있는 교회는 세상에서 지위가 높던 낮던 가난하던 부하던 관계없이 교회에 순종한다. 영적 권위가 없는 교회는 이런 저런 이유로 순종하지 않는다.

　전도하면 영적 권위와 복을 주신다. 힘들고 어려워도 전도하여 부흥을 체험해야 영적 권위를 통하여 너 큰 주님의 일을 할 수 있는 것이다.

목회자와 교회가 행복해졌다

교회가 전도하여 날마다 영혼이 구원받는 새 생명의 역사가 일어나고 영권, 인권, 물권의 복을 받으니 얼마나 행복하겠는가. 구원받은 사람은 행복한 사람이다.

> "이스라엘이여 너는 행복한 사람이로다 여호와의 구원을 너같이 얻은 백성이 누구냐 그는 너를 돕는 방패시요 네 영광의 칼이시로다 네 대적이 네게 복종하리니 네가 그들의 높은 곳을 밟으리로다" 신 33:29

요즘 시골에는 아기 울음소리가 나지 않는다고 한다. 젊은 사람이 없기 때문이다. 출산 가능한 여성들이 농촌에 없기 때문이다. 어느 마을은 70대가 넘은 분들이 제일 젊은 청년이란다. 그러나 마을에 아기 울음소리가 나야 그 마을에 미래가 있고 기쁨이 있다.

오늘 이 시대의 교회는 그렇게 늙어가고 있는 건 아닌지 모르겠다. 교회마다 새로운 사람들이 들어와야 교회가 생기가 있고 활력이 넘치며 기대가 되는데 말이다.

우리 교회는 매 주마다 새가족이 오기에 그것이 익숙하고 또한 온 교회가 축하와 환영으로 주일을 시작한다. 말 그대로 주일은 잔칫날이 된다. 매 주일마다 떡이 떨어질 날이 없다. 성도들이 기쁨으로 주님을 섬기기 때문에 무슨 일이 있으면 무조건 떡을 한다. 생일잔치가 즐겁고 먹을 것이 풍성한 것처럼, 영적인 생일이 계속되기 때문에 잔치일 수밖에 없다. 성도들이 그런다.

"목사님! 교회에서 먹는 밥이 그렇게 맛있을 수가 없어요."

그렇게 즐겁게 점심식사를 드신다.

사실은 우리 성도들의 얼굴이 전도지이다. 우리 교회 표어가 "영혼을 사랑하는 행복한 교회'이다. 모두가 영혼을 사랑하며 행복해하고 있다. 하나님의 뜻은 그분의 자녀들이 행복해 지는 것이다.

"항상 기뻐하라 쉬지 말고 기도하라 범사에 감사하라 이것이 그리스도 예수 안에서 너희를 향하신 하나님의 뜻이

니라" 살전 5:16-18

우리가 주님의 사랑을 받고 있는데 행복할 수밖에 없다. 우리가 알아야 할 것이 있다. 하나님께서 사람을 신묘막측하게 지으셨다. 사람만이 영혼육이 있다. 영혼육은 서로 떨어진 것이 아니라 유기적으로 하나가 된 것이다. 떨어지면 죽은 것이다. 이 세상에 사는 동안은 영혼육의 만족이 있어야 행복한 삶이 된다. 육신의 몸이 아픈데 행복하기란 쉽지 않다. 먹을 것이 부족하여 영양이 몸에 공급되지 않는데 어찌 행복 하겠는가.

이 세상 누구도 예외가 있을 수 없다. 다만 우선순위가 있을 수 있고 우리의 의지도 작용할 수 있다. 그러나 영혼육이 강건할 때 행복할 수 있는 것이다.

나는 건강도 잃어봤고, 물질도 부족함을 뼈저리게 체험했다. 목회를 하면서 인간관계의 어려움도 수없이 겪어봤다. 전도하면서 놀랍게도 하나님은 하나하나 채워주셨다. 영적인 것, 물질적인 것, 인적인 것을 주셨다. 모든 시련이 지나니 참 평화를 주셨다. 그런데 이 평화가 하늘에서 뚝 떨어진 것이 아니었다. 하나님께서 고난을 통해 우리의 삶 속에 들어오셔서 평화를 만들어주신다. 하나님은 전능하신 창조주시다. 환경을 만드신 분이다. 없는 것도 있게 하시는 분이다.

전도는 성령이 충만해야 나아가 복음을 전할 수 있다. 그렇게 영적인 복을 받게 되는 것이다. 복음을 전하면 영혼이 구원받아 구원의 사람들이 더해지는 것이다. 부흥이 일어난다. 그리고 물질도 당연히 바늘에 실 가듯이 따라온다.

교회 건축 하면서 물질적 어려움이 날마다 찾아왔다. 돈 이야기가 나오면 신경이 예민해질 때가 있었다. 스트레스가 정말 극심했다. 어쩔 수 없다. 우리가 선택한 것이다. 그러니 기도하지 않을 수 없었다. 정말 간절히 기도하였다. 기도하면 결국 하나님은 들어주신다. 문제가 해결되게 하신다. 주님을 바라보며 기도할 때 응답해 주신다.

"믿음은 바라는 것들의 실상이요 보이지 않는 것들의 증거니" 히 11:1

나는 부흥을 바라보며 기도했고 하나님께서는 때가 되매 응답을 주셨다.

전도하다 보면 아버지의 마음이 흐름을 알 수 있다. 십자가의 사랑이 흐른다. 그러다 보니 교회는 십자가의 사랑이 풍성해져 서로의 관계가 좋아진다.

사실 무엇보다 중요한 복은 관계의 복이다. 난 정말 우리 배방중앙교회 지체들의 사랑을 많이 받는다. 그들은 너무나 존귀한 지체들이다. 나는 스스로 복이 많은 사람이라고 고백한다. 나 같은 자를 사랑해 주시는 성도들이 있음에 너무나도 행복하다.

그리고 내 자녀들에 대해 너무나도 고마움이 있다. 자녀의 복을 주셔서 지금까지 자식 때문에 속 썩은 일이 없기 때문이다. 자녀가 5명이나 돼도 있는 것 같지 않다. 하나님의 은혜에 감사할 따름이다. 우리가 주님 사랑하고 기뻐하시는 일을 하면 나의 삶은 주님이 책임져주신다. 지금까지 인도하신 하나님께서 나의 후반부의 삶을 책임져주실 것을 조금도 의심하지 않는다. 나는 행복한 전도자이다.

교회가 건강해졌다

하나님은 교회에 힘을 주셨다. 이 힘을 어디에 사용하느냐에 따라서 교회가 건강해질 수도 있고, 약해질 수도 있다. 전도는 하면 할수록 교회가 강해진다. 왜냐하면, 부정적인 것과 불신앙의 힘으로는 전도 할 수 없기 때문이다. 전도는 믿음과 사랑과 긍정적인 힘으로 하는 것이다. 믿음의 요소는 바라봄이요, 생각이요, 말이며 행함이다.

전도는 하나님이 일하시며 열매 맺게 해주실 것을 바라보며 복음을 전하는 것이다. 하나님을 바라보며 힘을 공급받기에 건강해질 수밖에 없는 것이다. 전도자는 하나님을 바라보는 건강한 자들이다. 아브라함은 믿음의 사람이다. 아브라함에게 바라봄의 복을 주셨다.

"롯이 아브람을 떠난 후에 여호와께서 아브람에게 이르시되 너는 눈을 들어 너 있는 곳에서 북쪽과 남쪽 그리고 동쪽과

> 서쪽을 바라보라 보이는 땅을 내가 너와 네 자손에게 주리니
> 영원히 이르리라" 창 13:14-15

하나님은 아브라함에게 동서남북을 바라보게 하시고 보는 땅을 주신다. 그리고 자녀의 복도 주시려고 또 바라보게 하신다. 영적 자손을 우리는 볼 수 있어야 한다. 그리고 아브라함에게 멀리 볼 수 있는 복을 주신다.

> "제삼일에 아브라함이 눈을 들어 그곳을 멀리 바라본지라" 창 22:4

우리의 믿음생활이 내 영혼의 때와 부활의 때를 볼 수 있어야 한다. 전도야말로 내 영혼의 때를 잘 준비하는 것이다. 하나님의 상급이 있기 때문이다.

전도자는 생각이 건강하다. 전도자는 내 생각이 아니라 하나님의 마음과 생각으로 나아가기에 건강한 것이다.

> "이는 내 생각이 너희의 생각과 다르며 내 길은 너희의 길과
> 다름이니라 여호와의 말씀이니라 이는 하늘이 땅보다 높음
> 같이 내 길은 너희의 길보다 높으며 내 생각은 너희의 생각
> 보다 높음이니라" 사 55:8-9

마음과 생각의 건강은 교회에 큰 영향을 끼친다. 전도하는 사람은 생각을 하나님께 향한다. 그리고 조정을 한다. 하나님으로부터 공급을 받는다.

"예수께서 그들을 보시며 이르시되 사람으로는 할 수 없으나 하나님으로서는 다 하실 수 있느니라" 마 19:26

전도자는 "하나님이 하시면 할 수 있다"라는 생각을 갖게 된다.

"예수께서 이르시되 할 수 있거든이 무슨 말이냐 믿는 자에게는 능히 하지 못할 일이 없느니라 하시니" 막 9:23

사도바울은 하나님의 능력으로 전도할 수 있었다.

"내게 능력 주시는 자 안에서 내가 모든 것을 할 수 있느니라" 빌 4:13

전도! 할 수 있다. 하늘과 땅의 권세를 가지신 주님이 함께하시며 역사하시는데 할 수 있지 않은가. 전도하면 건강해진다.
마귀는 할 수 없다는 생각을 집어넣는다. 그래서 전도는 인내하며 끝까지 해야 하는 것이다. 예수님은 전도하실 때 한 생명도 잃지 않기를 바라셨다.

"내가 하늘에서 내려온 것은 내 뜻을 행하려 함이 아니요 나를 보내신 이의 뜻을 행하려 함이니라 나를 보내신 이의 뜻은 내게 주신 자 중에 내가 하나도 잃어버리지 아니하고 마지막 날에 다시 살리는 이것이니라" 요 6:38-39

그리고 예수님은 끝까지 사랑하신다. 마지막 때가 오셨을 때에도 자기의 사람들을 사랑하시는 것이다.

"유월절 전에 예수께서 자기가 세상을 떠나 아버지께로 돌아가실 때가 이른 줄 아시고 세상에 있는 자기 사람들을 사랑하시되 끝까지 사랑하시니라" 요 13:1

끝까지 포기하지 않고 영혼을 사랑해야 한다. 그리고 잃어버린 영혼을 찾아가 구원하신다.

특히 베드로에게 내 양을 먹이라고 하신 사랑은 영혼사랑의 극치이다.

"예수께서 가셔서 떡을 가져다가 그들에게 주시고 생선도 그와 같이하시니라 이것은 예수께서 죽은 자 가운데서 살아 나신 후에 세 번째로 제자들에게 나타나신 것이라" 요 21:13-14

실족한 베드로를 찾아오셔서 사랑을 전해주신다. 예수님은 한 생명도 잃지 않고 끝까지 사랑하며 찾아가셔서 구원 하신다.

전도는 영적전쟁이기 때문에 무서워서 뒤로 물러나거나 패배하면 그것이 학습이 되고 불신이 되어 전도는 안 된다는 생각에 사로잡힌다. 그래서 될 때까지 끝까지 포기하지 않고 해야 한다. 전도하면 반드시 열매가 있기 때문이다.

전도하는 교회와 전도자는 말이 건강해진다. 우리의 말은 놀라운 결과를 가져오고 만데도 된다.

"그들에게 이르기를 여호와의 말씀에 내 삶을 두고 맹세하노라 너희 말이 내 귀에 들린 대로 내가 너희에게 행하리니" 민 14:28

말은 각인력이 있어서 우리의 마음에 새겨져 삶이 된다.
말은 견인력이 있어서 우리의 삶을 끌고 간다.
말은 창조력이 있어서 우리가 말한 대로 된다.

그러니 전도자가 부정적인 이야기를 하면 되겠는가. 믿음 없는 말을 할 수가 없다. 속된 말을 하지 않는다. 축복의 말, 위로의 말, 사랑의 말, 믿음의 말, 덕을 세우는 말, 살리는 말을 하다 보면 말이 건강해질 수 밖에 없다. 말이 바뀌면 삶이 바뀐다.

전도하는 교회는 항상 활력이 넘친다. 행함이 없는 믿음은 유익도 없고 죽은 믿음이라고 한다.

"내 형제들아 만일 사람이 믿음이 있노라 하고 행함이 없으면 무슨 유익이 있으리요 그 믿음이 능히 자기를 구원하겠느냐 만일 형제나 자매가 헐벗고 일용할 양식이 없는데 너희 중에 누구든지 그에게 이르되 평안히 가라, 덥게 하라, 배부르게 하라 하며 그 몸에 쓸 것을 주지 아니하면 무슨 유익이 있으리요 이와 같이 행함이 없는 믿음은 그 자체가 죽은 것이라" 약 2:14-17

영어의 'Can'이라는 단어는 명사로 쓰일 때는 '깡통'이다. 그러나 동사로 쓰일 때는 '할 수 있다'라는 뜻이다. 전도하는 교회는 할 수 있다는 자신감과 활력이 넘쳐흐른다.

Step 6

교회 정착 및 양육 이야기

12명의 MD를 세우다

전도 못지않게 중요한 것이 정착과 양육의 문제이다. 정착과 양육은 온 교회가 유기적으로 하나가 되어 지체 의식이 있어야 정착이 되고 양육이 된다. 양육을 처음 시작했을 때에는 주일날 말씀공부로 시작했다. 이들의 믿음이 성장하여 12명의 인도자들이 세워졌다.

우리 교회는 새로운 분들이 오시면 MD사역자를 한 명씩 붙여준다. 새로운 신자 일명 VIP와 연결되어 5주 동안 교회 안내와 기본적인 믿음 생활에 대하여 교육한다.

예전에는 제자 양육 프로그램에 의해 단계별로 성경 공부를 하고 있었다. 지난 2016년도에 MD 전도정착 사관학교 교장이신 주준석 목사님을 만나 8주 동안의 MD 전도정착 사관학교 과정을 마쳤다. 그 후 자체적으로 매 주마다 교육하여 이제는 VIP 정착 양육 교재로 5주 동안 새신자를 양육하게 되었다. 이렇게 양육한 후에 다시 우리 교회의 제자 양육 프로그램에 연결되어 계속 교육을 한다. 이후는 교단에서 발행한 교재를 가지고 제자양육을 한다.

1단계는 '새신자 훈련 총서'를 통해 하나님을 알고 구원의 확신을 가지며 배방중앙교회의 가족이 되는 과정이다.

2단계는 '예수님짜리'로 에베소서를 공부하며 교회에 대하여 알아가고 우리가 예수님짜리임을 알게 된다. 여기서 '짜리'는 100원짜리, 500원짜리, 10,000원짜리, 50,000원 짜리의 의미로 그만큼 가치 있고 소중한 존재들이라는 의미다.

3단계는 '믿음의 삶'을 통하여 영적 성장의 기본 진리를 가르쳐 주고 건강한 믿음 생활을 하게 도와주는 과정이다.

4단계는 '하나님을 경험하는 삶'을 통하여 인간 중심에서 하나님 중심의 삶을 살게 하신다. 특별히 우리 교회는 하나님을 경험하는 삶을 공부하며 큰 은혜와 변화의 역사가 일어난다. 하나님을 경험하는 삶은 일곱 가지 실체를 말씀하고 있다.

1. 하나님은 항상 당신 주위에서 일하고 계신다.
2. 하나님은 당신과 실제적이고, 개인적이며, 지속적인 사랑의 관계를 추구한다.
3. 하나님은 당신이 그분의 일에 참여하도록 당신을 초청하신다.
4. 하나님은 하나님 자신과 자신의 목적과 길을 보여주기 위하여 성령에 의해 성경, 기도, 환경과 교회를 통해서 말씀하신다.
5. 하나님의 부르심은 항상 당신을 믿음의 갈등으로 몰아넣고, 결단과 그에 따른 행동을 요구한다.
6. 당신은 하나님의 역사에 참여하기 위해서 당신의 인생을 하나님의 뜻에 따라 맞게 조정해야 한다.
7. 당신이 하나님께 순종하고, 하나님이 당신을 통해서 그분의 일을 성취하심으로 말미암아 당신은 경험으로 하나님을 알게 된다.

VIP 정착 양육을 시켜라

12명 내외의 소그룹으로 하는 성경공부가 가장 좋은 효과가 있었다. 충실히 하나님께 기도하고 물으며 결단하고 나갈 때 큰 효과가 있었고 믿음의 진보가 있었다. 감사하게도 주준석 목사님께서 VIP 정착 양육 교재를 쓸 수 있도록 허락해 주심을 감사드린다.

MD사역자가 새신자인 VIP를 만나서 5주에 걸쳐서 믿음의 오리엔테이션을 하게 된다. 이것은 교회 정착에 매우 중요하다. 사실 지금은 많은 사람들이 이사를 많이 다니는 시대이기 때문에 새로운 분들이 들어오면 교회에 대하여 잘 설명해주는 것이 중요하다.

얼마 전에 우리 교회에 한 집사님이 이사를 오시면서 등록을 하셨다. 수요 예배 시간이 오전 11시였는데 그때 10시 30분부터 MD 세미나를 해서 속으로 당황스러워하셨다는 것이다. 조금 일찍 와서 예배가 아닌 세미나를 듣게 되었으니 당황할 만도 했다. 그래서 그다음부터는 MD 사역자들이 새신자나 이사 오시는 분들에게 보다 더 상세하게 궁금증을 풀어주고 설명해주는 것이 중요하다고 느꼈다.

한 영혼 전도하기가 얼마나 힘든데 교회에 온 새신자를 잘 맞이하고 양육하는 것은 정말 중요하다. 다음은 VIP 정착 양육 과정이다.

··· 믿음의 오리엔테이션

예수 그리스도를 믿는 신앙의 길을 함께 걷게 되신 것에 대해 마음속 깊이 환영합니다. 인생에 있어 '선택'이라는 것이 얼마나 중요한가는 삶의 경험을 통해 많이 느끼셨을 것입니다. 특별히 기독교를 택했다는 것은 평생을 위해 가장 귀한 선택을 하신 것입니다.

저희 교회는 주님을 뜨겁게 사랑하는 사람들이 한데 모여 주님을 예배하며 교제하는 아름다운 공동체입니다.

이러한 귀한 교회 생활을 돕기 위해 담임 목사님께서 부족한 저에게 교우님을 친절히 안내해드리라고 부탁하셨습니다.

저는 _____ MD _____ 이고

전화번호는 _____ 입니다.

MD 사역자와의 5주 만남은 주로 이런 교제를 나눈다.

1주: 교회와 교회 생활의 지침
2주: 예배와 교회에서 인정받는 신자
3주: 기도와 성경
4주: 구역(목장)과 구역(목장)에서의 신앙생활
5주: 4영리에 대해 들어보셨습니까?

이렇게 우리 배방중앙교회는 전도한 영혼들을 끝까지 책임진다는 마음으로 정착과 양육에 힘을 기울인다. 특별히 MD사역자들과의 5주간의 특별한 만남을 통해 교회에 대해 소개받고, 교회생활과 신앙생활, 기독교의 가장 핵심이 되는 교리를 알게 된다. 이렇게 하면 큰 어려움 없이 교회에 정착할 수 있게 된다.

하나님이 끝이라고 할 때가 끝이다. 그러니 아직은 전도해야 할 때이다. 10년마다 조사해 발표하는 인구센서스에서 기독교 인구가 늘어났다. 불교 인구를 처음으로 앞지른 것이다. 1985년부터 10년마다 조사된 종교 인구에서 천만 명이 넘던 불교 인구는 761만 명으로 크게 감소했다. 기독교는 2005년 844만 명에서 2015년 967만 명으로 증가했다. 급증하던 천주교 인구는 501만 명에서 389만 명으로 감소했다.

많은 교회들이 말한다.

"아니, 교인이 감소했는데 이게 어떻게 된 일이에요?"

의아해한다. 그러나 나는 문득 이런 생각이 들었다. 엘리야가 하나님의 백성들이 다 없어져 망연자실하고 있을 때 하나님은 무슨 소리냐고 말씀하셨다.

"그러나 내가 이스라엘 가운데에 칠천 명을 남기리니 다 바알에게 무릎을 꿇지 아니하고 바알에게 입 맞추지 아니한 자니라!"

이렇게 많은 주의 백성들이 있다는 말씀이셨다. 나는 지금의 상황이 그렇다고 생각한다. 이 민족 가운데 영혼을 사랑하며 전도하는 교회와 전도자가 아직 많이 있다는 증거인 셈이다. 전도하지 않는 교회는 교회가 더 이상 성장하지 않는다고 생각한다. 내가 다니는 교회가 더 이상 교인이 늘어나지 않는다고 다른 교회도 그렇다고 생각하는 것이다. 아니다. 나는 전도하는 교회만 관심을 갖다 보니 전도하는 교회치고 교인이 정체하거나 줄었다는 교회는 본 적이 없다. 전도하는 교회는 오늘도 부흥하고 있다.

우리 교회는 한미 전도대회를 통해 1년에 100여 명이 예수님을 영접한다. 전도한 사람들은 이보다 더 많다. 그러니 성도가 늘어나는 것이 당연하다. 전도하는 자에게 하늘과 땅의 권세를 주셨다. 영권, 인권, 물권 다 주셨다. 진도는 최고의 축복인 셈이다. 이제는 기존의 전도 방법은 좀 지양해야 한다. 섬김의 전도가 요구된다. '주는 자가 복이 있다'라는 말씀처럼 교회와 성도가 세상을 향해 주는 자의 삶이 되어질 때 굳어진 영혼들의 마음이 눈 녹듯 하며 마음이 열리고 그들이 주께로 돌아올 것이다. 그렇게만 된다면 우리가 가지고 있는 것이 무엇이 아깝겠는가? 한 영혼이 천하보다 귀한데 영혼구원하는 일에 우리 교회는 최선을 다하고 주는 교회가 될 것이다.

지금 배방중앙교회는 너무나도 행복하게 복음을 전하며 믿음생활을 하고 있다. 많지도 않고 적지도 않은 300여 명의 성도들이 매주 모여 하나님께 은혜로운 예배를 드리고 있다.

앞으로 하나님께서 어떻게 인도하실지는 그분만이 아실 것이다. 성령의 인도하심 속에 어려운 개척교회를 돕는 사역도 한다. 지역에 선한 영향력을 끼치는 교회로 나아가고 있다. 뒤돌아보면 하나님의 은혜일 뿐이다.

주변에 있던 어느 교회는 같은 시기에 같은 크기로 성전을 건축했는데 무리한 부채를 견디지 못하고 안타깝게도 이단에게 넘어가고 말았다. 그때 마음이 너무 아팠다. 그 목사님도 건축하시느라 너무 고생 많이 하셨다.

사실 목사가 목회를 하면서 잘 판단해야 할 것들이 많다. 그러니 기도하며 성령의 인도를 받아야 될 것이다. 우리 교회가 주님 다시 오실 때까지 아름답게 쓰임받기를 소망하며 기도한다.

전도는 최고의 축복이나. 이제 여러분도 그 주인공이 되시라. 사랑하고 존경하며 축복한다.

2017. 2

배방중앙교회 담임목사 김병완